돌봄의 현장에서 삶의 의미를 찾다

보살핌의 발견

사사키 호노오 지음
최영수 옮김

쿰란출판사

Originally published in Japanese under the title:
人は命だけでは生きられない(Hito wa inochi dake dewa Ikirarenai)
Copyright ⓒ Honoo Sasaki
Published by Word of Life Press Ministries
2-1-5, Nakano, Nakano Ku, Tokyo 164-0001

This Korean edition copyright ⓒ 2023 by Qumran Publishing House,
Seoul, Republic of Korea

돌봄의 현장에서 삶의 의미를 찾다
보살핌의 발견

일러두기

1. 본서는 일본의 전국 사회복지협의회의 책자 《ふれあいケア》(만남 케어)에 연재한 것을 개정한 것으로, 새롭게 쓴 글도 추가했다.

2. 거론된 분들의 프라이버시를 지키기 위해 이름은 가명으로 하고, 개인을 특정할 수 있는 상황에 대해서는 기본적인 사실에 반하지 않는 범위에서 변경했다.

3. 인용문 등에 현대의 감각으로는 정서에 맞지 않게 기술된 부분이 있는데, 정확을 기하기 위해 원문에 충실하게 게재했다.

4. 본서는 2012년에 발행한 《人は〝命〟だけでは生きられない》(사람은 '생명'만으로는 살 수 없다)의 개정판을 번역한 것이다.

5. 본문 중 성경은 개역개정 4판을 사용했다.

추천의 글

　이 책은 돌봄의 현장에 계신 목사님께서 경험하신 여러 사례를 통해 우리에게 '돌봄'에 관한 중요한 의미를 전해줍니다. 돌봄을 담당하는 가족들이나 관계자들에 관한 이야기이면서, 동시에 돌봄을 받는 연로하신 어르신들, 환자들, 인생의 마지막 시간을 보내는 분들의 이야기이기도 합니다.
　저는 특별히 이 책에서 돌봄이 필요한 분들의 분명한 역할을 발견하게 됩니다. 돌보는 사람들도 할 수 없는 역할을, 오히려 돌봄이 필요한 자들이 하는 모습들을 보면서, 하나님께서 모든 사람에게 허락하신 역할을 생각합니다. 그리고 사람에 대한 이해와 존중, 사랑이 얼마나 중요한지를 깨닫습니다.

　돌봄은 사람을 향한 존중입니다. 그의 존재를 존중하고, 그의 생각을 진지하게 받아주며, 끝도 없이 반복하는 이야기에도 귀를 기울여주는 것입니다. 돌봄의 현장에 있어도, 돌봄 전문가라고 하더라도, 우리는 그 본질을 잊어버리고 업무로서 돌봄을 할 수 있습니다. 반대로 돌봄을 받아야 하는 처지임에도 이런 마음을 가지고 상대방을 가치 있는 존재로 세워가는 역할을 할 수도 있습니다.

우리들은 모두 돌봄이 필요한 자들이고, 누군가를 돌보아야 하는 존재들입니다. 주변의 사람들을 돌아보고 돌보며 하나님께서 주신 가치 있는 삶을 받아들일 수 있도록 하는 일에 쓰임 받기를 원합니다. 생명존중이 사라지는 이 시대 속에, 특별히 교회와 성도들이 따뜻한 사랑으로 돌봄의 사명을 감당할 수 있기를 소망합니다.

이 책 《보살핌의 발견》에 소개된 사례들처럼 인생에는 다양한 아픔과 괴로움이 있습니다. 그들 곁에서 아픔과 괴로움을 들어주고 돌보아주는 이들은, 캄캄한 어둠 속에서도 함께하시는 하나님의 모습을 그대로 보여줍니다. 하나님은 우리의 가장 가까운 곳에 계셔서 아픔과 괴로움을 민감하게 헤아리시며 응답해주십니다. 지금 고뇌와 비탄함의 어둠 속에 잠겨 있는 분들에게도 성경을 통해 하나님의 함께하심을 바라보고 경험할 수 있기를 소망합니다. 이 시대의 교회와 성도, 그리고 바로 나 자신이 그런 빛의 역할을 감당할 수 있기를 바랍니다.

이 책을 읽어가는 독자들이 내 주위에 있는 사람들을 존중하고, 그들과 함께 걸어가는 삶을 기쁨으로 살아가리라 기대합니다. 하나님께서 우리 한 사람, 한 사람을 그렇게 존중하시고 사랑하시는 것처럼 살아가기를 축복합니다. 귀한 삶을 보여주신 사사키 호노오 목사님 그리고 호노오 목사님과 같은 마음으로 한국에 이 책을 소개해주신 최영수 집사님께 감사의 마음을 전합니다.

오직 하나님께만 영광을!
Soli Deo Gloria!

오정호 목사
(새로남교회 담임목사, 대한예수교장로회 총회 부총회장,
제자훈련목회자네트워크(Cal-Net) 이사장)

추천의 글

　이 책 《보살핌의 발견》을 읽으며 떠오른 이들은 병원에서 의료사회복지사로서 마주하였던 환자들입니다. 아픈 몸을 가져본 적이 없는 청년 의료사회복지사였던 저는 아픈 몸을 지닌 아이들과 함께 일하며 수없이 많은 아동과 청소년이 암으로 세상을 떠나는 곳에 있었습니다.
　우리나라 10대 미만 사망원인 2위가 악성신생물(암)이라는 통계는 오직 활자화된 정보일 뿐, 아이와 가족이 몸으로 질병과 싸워내는 과정은 숫자로 담아낼 수 없는 실존적인 고통이기도 합니다. 그곳에서 시공간적 감각이 왜곡된 채 수풀 속에서 정글을 헤치고 나아가듯, 그저 제게 주어진 일들을 꾸역꾸역 하며 시간을 보냈습니다.

　그러던 중 내 삶을 근본적으로 변화시켰던 한 아이를 만났습니다. 암 청소년 모임에서 동생들에게 사랑받으며 요리사를 꿈꾸던 암 경험자인 한 청소년은 암이 재발되어 불과 수개월 만에 하늘나라로 떠났습니다. 그 아이가 떠나는 날 저는 하나님을 원망했습니다.
　얼마 뒤 매달 열리는 암 경험자 청소년 모임에서 저는 그 아이와의 사별을 주제로 이야기해야 했습니다. 무엇을 어떻게 말해야 할지 너무나 혼란스러웠고, 죽음을 주제로 고민 한 번 한 적이 없는 청년이었던 저는 그 주제가 두려웠습니다. 더구나 나와 가깝게 지내던 청소년이 암으로 사망했다는 사실은 절대 무너질 리 없는 땅이 도처에서 무너진 일처럼 여겨졌습니다.*

모임에 참석하는 것이 두려워 시간이 멈추기를 바라며, 시계의 분침을 들여다보는 어리석은 모습으로 시간이 흐르고 모임이 시작되었습니다. 모임에서 저는 두려운 마음으로 솔직하게 제가 느끼는 혼란스러움을 이야기하기 시작하였습니다. 나름 전문가라고 서 있는 그 자리에서 감정을 드러내는 것이 수치스러웠습니다. 그러나 그 순간 암을 겪었던 나보다 어린 청소년 경험자들은 어린 시절부터 죽음에 대해 늘 생각해 왔기에, 그와의 사별이 슬프지만 자신 역시 그 형처럼 삶의 여정을 마친 후에는 서로 만날 수 있을 것이라고 말하였습니다.

이들은 비록 또래 아이들처럼 수학문제를 잘 풀지는 못해도 영원한 삶을 계산해낼 수 있었고, 친구들과의 관계는 어려울 수 있어도 하나님과의 관계는 깊었던 것입니다. 이후 저는 암을 겪

---

* 외상사건을 학술적으로는 지진성(地塵性, seismic) 사건이라고 표현하기도 한다.

은 이들의 역설적 변화인 '외상 후 성장(posttraumatic growth)'을 연구하게 되었습니다. 외상 후 성장 개념을 처음 학술적으로 제안한 테데스키와 칼혼(Tedeschi & Calhoun)은 영적 변화(spiritual change)를 외상 후 성장 경험의 중요한 요소로 제안하기도 합니다. 암과 같은 질병은 살아가며 겪지 않는다면 더없이 좋을 일입니다. 그러나 삶은 수많은 비극과 고통으로 이미 가득합니다. 그러나 역경은 더 큰 성장의 통로가 되기도 합니다.**

《보살핌의 발견》은 일본 노인 돌봄 현장 속 저자인 사사키 목사님의 활동과 기독교적 신앙 체험을 내밀하게 묘사하며 여러 에피소드를 풍성하게 해석하고 있습니다. 청년 의료사회복지사였던 제가 죽음을 생경해했듯, 아직 생물학적 노년기에 이르지 못한 현재의 저는 노년기의 삶을 잘 알지 못합니다. 그러나 이 책은 저에게 삶의 끝자락은 비극이 아니라 더 큰 은혜의 통로가 될 수 있다는 것을 보여주었습니다.

이 책의 원제목과 같이 사람(삶)은 육체만으로 살 수 없으며,

** 이를 신학적으로 고난이 더 큰 은혜의 통로가 되기도 한다고 바꿔 말할 수도 있을 것이다.

하나님의 형상대로 창조된 영적 존재로서 사랑의 대상이자 주체이기도 합니다. "질그릇"(고후 4:7)이 노쇠하더라도 그 안에는 "보배"가 담겨 있듯, 이 책을 통해 덧없는 삶이더라도 그 안의 은혜를 맛볼 수 있길 바라봅니다. 이 책을 우리나라에 소개해 주신 최영수 선생님께 감사드립니다.

최권호 교수
(경북대학교 사회복지학부 교수,
한국정신종양학회 이사)

옮긴이 서문

　시간은 누구에게나 공평하게 주어지며, 자신에게 앞으로 얼마의 시간이 남았는지는 아무도 알지 못합니다. 어쩌면 다가올 나의 미래가 스스로 받아들이기 힘들고 인정하기 어려운 상황이 될지도 모릅니다.

　흔히 젊음을 '찬란한 빛'으로 표현하곤 합니다. 반면 안티에이징이 요구되는 사회에서 늙음은 누구나 피하고 싶은 '어둠'으로 인식되곤 합니다. 이 책은 내가 돌봄을 받게 됐을 때 자신의 나이 듦을 어떻게 하면 긍정적으로 수용하고 인간성을 잃지 않은 채 마지막을 보낼 수 있을지에 대한 이야기로 채워져 있습니다.

　제가 일본 유학 시절 출석했던 쓰치우라메구미교회에서는 '기라키라 서비스'(喜楽希楽サービス)라는 요양시설을 운영하고 있었는데, 그 교회에서 이 책의 지은이 사사키 호노오 목사님이 운영하는 '홋토스페이스 나카하라'를 모델로 요양시설을 만들었다는 사실을 알게 되었습니다. 그 후 쓰치우라메구미교회의 세노(清野勝男子) 담임목사님으로부터 책 번역을 권유받고 작업을 하면서 하나님의 섭리를 새롭게 깨닫는 계기가 되었습니다.

저자인 사사키 목사님이 운영하는 요양원을 방문해 목사님을 만나볼 기회도 있었습니다. 사사키 목사님은 맑은 표정으로 저를 맞아주셨고 곧바로 돌봄 현장으로 안내하여 여러 시설을 자세히 설명해 주셨습니다. 프라이버시를 배려한 화장실 안의 각도, 개인적으로 케어하기 쉬운 8각형 구조의 테이블 등 요양원의 모든 시설에서 목사님의 세심한 손길을 하나하나 느낄 수 있었고 이는 많은 감동으로 다가왔습니다. 목사님은 책에서 이야기했던 '돌봄'을 그대로 실천하고 계셨습니다. 초고령화 시대를 사는 우리 모두가 희망을 가지고 살아갔으면 좋겠다고 저자는 말합니다.

인생에서 가장 순수하고 진실된 모습은 자신이 가장 약할 때, 또는 다른 사람의 도움이 절실히 필요할 때 나타난다고 이 책은 말합니다. 눈에 보이는 겉모습 그 너머에 상대가 간절히 알기 원하는 속마음을 바라볼 수 있는 영적 안목과 분별력을 키워야 성장하고 발전할 수 있다는 의미이기도 합니다. 또 멋진 삶을 살기 위해서는 전인격적 죽음을 맞이할 준비가 필요합니다. 나이 듦은 하나님이 주시는 은혜이며 축복임을 기억하고 감사함으로 앞으로 다가올 시간을 준비하고 기대하며 살아가길 기도합니다.

　이 책의 출간을 축하해주시며 흔쾌히 추천사를 써 주신 새로남교회 오정호 담임목사님, 경북대학교 사회복지학부 최권호 교수님께 감사를 드립니다. 아울러 일본의 기독교 서적 번역을 통해 한일 기독교인들이 '선교'라는 공통의 목표와 비전을 심어준 쓰치우라메구미교회, 교토메구미교회, 또 새로남교회 목사님들과 성도님들께도 머리 숙여 감사를 드립니다.
　모든 영광을 하나님께 올려드립니다.

2023년 가을
역자 최영수

한국 독자께 드리는 글

　이 책은 일본의 전국 사회복지협의회의 월간지에 연재한 글과 TBS라디오 '이쿠시마 히로시의 좋은 아침 일직선(生島ヒロシのおはよう一直線, TBSラジオ) 등에서 나눈 이야기를 모아 새롭게 다듬은 것입니다.

　한국도 일본처럼 고령화가 진행되고 있으며, 2022년에는 전체 인구 중 65세 이상이 17.5%였고, 2070년에는 46.4%가 되어 고령자 부양률로는 세계 1위가 될 전망이라고 합니다.

　일본은 현재 총인구가 감소하는 가운데 고령자 비율은 2022년에 29.1%, 노화로 인한 장애 비율은 8%로 보고됐습니다. 한국보다 한발 앞서 초고령화 사회를 맞은 일본에서는 간호나 돌봄의 어려움이 여러 형태로 나타나고 있습니다. 그러니 이 책에 담긴 간호와 돌봄의 이야기는 미래 한국의 간호와 돌봄으로 이어진다고 해도 과언이 아닙니다.

　일본의 한 통계조사 결과, 고령으로 신체나 사고력이 쇠약해지고 또 치매가 될 확률이 절반에 달한다고 합니다. 이른바 늙어가는 과정을 '쇠퇴'라고도 표현합니다. 누구나 늙음을 피하고 싶어 하며, 나이 듦에는 필연적으로 돌봄이 따라오게 마련입니다.

이 책은 그러한 노화의 고통과 슬픔을 안고 살아야 하는 이들의 괴로움과 간병을 담당하는 가족들의 고충이 적혀 있습니다. 동시에 돌봄을 필요로 하는 이들과 함께 살아가는 일 그리고 그러한 상황 속의 나 자신을 생각하게 합니다.

하지만 무엇보다도 이 책에서 전하고 싶었던 것은 '늙음'은 하나님의 은혜라는 사실입니다. 또 하나님은 사람들의 고난에 함께하시고 '돌보기 위해 만드셨다'(창세기 1:27)는 것을 알게 됩니다.

우리는 돌봄을 통해 배려와 공감을 느끼고 '이웃사랑'을 배웁니다. 한편으로는 자신의 사랑 없음을 깨닫고, 동시에 성삼위 하나님의 위대한 사랑을 경험합니다. 돌봄은, 우리는 누구나 '육체'만으로는 살 수 없는 존재임을 깨닫게 하며, 그 바탕에는 하나님의 사랑이 있다는 진실에 도달하게 합니다.

많은 분이 이 책을 통해 간호와 돌봄의 본질, 하나님의 사랑을 알게 되고, 나이 듦의 은혜를 발견할 수 있다면 더할 나위 없는 기쁨이 될 것입니다.

2023년 가을
사사키 호노오

시작하며

　세계가 격동의 시간을 걷고 있다. 팬데믹, 전쟁, 저출산과 고령화, 다사(多死) 사회*로 인한 사회구조의 변화. 누구나 미래를 내다볼 수 없는 불안 속에 있으며, 불안을 불식시켜야 할 사회보장 분야에서조차 돌봄이나 의료의 존속이 위태로운 상황이다. 그동안 당연하다고 생각했던 기반이 사실은 매우 취약했던 것으로 드러났다.

　코로나19로 불거진 사회불안은 사실 그 원인의 대부분이 사회구조에 있다고 한다. 경제지상주의 사회는 의료나 간호, 복지, 교육과 같은 사람의 근간을 지지하는 일을 돌아보지 못한 채 흘러왔다. 이렇게 형성된 사회불안을 근본적으로 떨쳐내기 위해서는 다시 한번 사람을 지탱하는 일이 얼마나 중요한가를 인식할 필요가 있다.

　나는 돌봄이나 장애가 있는 분을 지원하는 '안심공간 나카하라'(ホッとスペース中原)의 대표를 맡고 있다. 이 책은 사람과 사람이 함께 어려움을 헤쳐나가려는 행위인 '복지'에 더 많은 이들이

---

* 일본의 인구 분포에서 다수를 차지하는 고령자들이 한꺼번에 사망 연령에 이르러 세상을 떠나는 사람이 급증하는 사회를 지칭한다. 인구가 감소하기 시작한 2010년대 일본에 등장한 용어다.

관심을 가져주길 바라는 마음에서 저술했다. 또 잠재되어 있던 중요한 문제들이 코로나19 팬데믹으로 인해 표면화되었는데, 이것은 코로나 이후의 요양복지에 활용할 하나의 힌트가 될 것이다. 사회불안이 곳곳에서 발견되는 현재의 관점을 바꾸면, 작은 보살핌(마음 씀씀이와 배려)의 축적이 사회와 우리의 모습을 '진화'(evolution)시키고 바꾸어 가는 '소셜 액션'(social action)의 기회가 될 것이라 나는 믿고 있다.

돌봄은 사회와 동떨어져 있지 않다. 돌봄 속에 사회의 축소판이 있고, 돌봄 속에서 사회 문제나 왜곡이 드러나고, 돌봄을 통해 더 나은 방향으로 변화되어 갈 수 있다.

지금까지 경제지상주의 문화 속에서 개인의 책임이 강조되고 차별, 배제, 경쟁 등으로 사회가 형성되어 왔다. 그러나 코로나 사태가 일으킨 사회의 큰 변화 가운데 노력이나 자기 책임이라는 말로 가려져 있던 '돌봄 혹은 돌봄받음'이란 개념이 다시 떠올랐고, 그로 인해 우리가 더불어 살고 있다는 사실을 사회 전체가 체감하였다. 그렇기에 바로 지금이 이 작은 불빛을 세상으로 밝혀나갈 때다.

곤경에 처한 사회에서 희망의 싹을 틔우고, 없어서는 안 될 이웃 사랑이라는 사회 본연의 모습을 그리며, 지금 돌봄을 필요로 하는 사람들과 마주하고 싶다.

  사람은 누구나 능력과 상관없이 소중한 존재라는 인류의 근간을 함께 그리고 깊이 생각해 주길 바란다.

> 사람과 사람 사이에 이루어지는 다양한 관계야말로 인간에게 진정한 행복을 가져다주는 중요하고 또 유일한 원천이라고 생각되기 때문이다. (중략) 그 반대도 마찬가지다. 즉 빈곤한 인간관계야말로 사람에게 불행을 가져다주는 무엇보다 주요하고 유일한 원천이다.**

2023년 가을

** F. P. Biestek(F. P. 바이스텍), 《ケースワークの原則―援助関係を形成する技法》(The Casework Relationship), 福田 俊子(후쿠다 토시코), 原田 和幸(하라다 카즈유키) 옮김 (誠信書房, 2006).

들어가기 전에

− 일본의 장기요양 보험 분류단계 −

일본과 한국은 장기요양보험의 분류단계가 달라서 일본의 분류단계를 적용하여 그대로 번역하였다. (역자 주)

요개호·요지원 단계란?

개호보험의 적용을 받는 사람의 개호를 필요로 하는 정도가 설정되어 있으며, 지원이 필요한 정도에 따라 가벼운 정도부터 자립단계, 요지원(要介援) 1~2, 요개호(要支護) 1~5의 8단계가 있다.

요개호·요지원 8가지 구분 소개

요지원·요개호의 분류는 자립 수준부터 요지원 2단계, 요개호 5단계까지 모두 8개 단계로 구분할 수 있다.

자립단계

자립단계는 혼자서 생활을 할 수 있고, 간병이나 지원이 필요하지 않은 상태를 말한다. 이 단계에서 이용할 수 있는 간병 서비스에는 한계가 있다. 또 돌봄 급여를 받을 수 없기 때문에 비용은 전액 본인 부담이다.

요양 시설은 자립 수준에서는 들어갈 수 없는 곳도 있는 등

시설에 따라 다양하다.

요지원 1~2단계

요지원은 요지원 1과 요지원 2의 2단계로 나눌 수 있다. 요지원은 어느 수준이라도 돌봄서비스가 아닌 돌봄 예방 서비스를 이용하게 된다.

요지원 단계에서는 기본적으로 혼자 생활할 수 있기 때문에 집에서 간호를 해도 가족에게 가는 부담이 적은 경향이 있다.

■ 요지원 1

요지원 1은 기본적으로 혼자 생활할 수 있는 돌봄 수준이다.

단, 일상의 복잡한 동작 등 부분적인 간병·돌봄을 필요로 한다.

개호예방 서비스의 이용이나 적절한 지원을 받아 요개호 상태의 예방도 기대할 수 있다.

■ 요지원 2

요지원 2 또한 기본적으로 혼자 생활할 수 있는 돌봄 수준이다. 다만 요지원 1과 비교하여 일상에서의 복잡한 동작에 돌봄이 필요한 경우가 많아진다.

요지원 1과 마찬가지로 개호예방 서비스의 이용이나 적절한 지원을 받아 요개호 상태에 대한 예방도 기대할 수 있다.

요개호 1~5단계

요개호는 1~5의 5단계로 분류된다. 요개호가 되면 운동 능력뿐만 아니라 사고력과 이해력 저하도 보여 일상생활을 혼자 하는 것이 어려운 상태가 된다. 간병 예방 서비스만 제공하는 요지원과는 달리 간병 서비스를 받을 수 있다.

요개호는 개호 단계에 따라 상태가 크게 다르기 때문에 재택에서 받는 서비스, 시설에서 받는 서비스 등 개호 서비스의 내용이 다양하다.

재택 개호의 경우, 개호 단계가 높아질수록 돌봄이 필요한 시간이 늘어난다. 경우에 따라서 하루 온종일을 개호 시간으로 쓰게 되는데 이때 개호자에 대한 부담이 커진다. 개호자나 가족의 부담을 경감하기 위해 개호 서비스를 효율적으로 이용할 것을 권장한다.

■ 요개호 1

운동 능력은 요지원 2와 크게 다르지 않다. 그러나 요개호 1에서는 사고력이나 이해력의 저하를 볼 수 있다. 그에 따라 문제 행동을 일으키거나 대화가 통하지 않을 수도 있어 요지원 2보다 돌봄이 힘들다고 느끼는 경우가 많아지는 단계다.

■ 요개호 2

요개호 2에서는 요개호 1보다 운동 기능, 사고력, 이해력의 추가 저하를 볼 수 있다.

식사나 배설 등 일상의 기본 동작에도 돌봄이 필요해지는 상태다. 문제 행동도 요개호 1과 비교해 많아진다. 간병에도 다소 시간이 든다고 느끼게 되는 단계다.

■ 요개호 3

요개호 3이 되면 기본 동작뿐만 아니라 전면적인 돌봄이 필요하다. 사고력이나 이해력도 저하되어 문제 행동을 보일 수 있다. 요개호 3부터 개호의 정도가 강하게 느껴지고, 요개호 3 이상부터만 접수가 가능한 시설도 있다.

■ 요개호 4

요개호 4는 자력으로 생활하기 어렵고 전면적인 개호가 필요한 단계다. 요개호 3보다 사고력이나 이해력이 저하를 보여 그에 따른 문제 행동이 현저하게 나타난다. 하루의 많은 시간을 개호에 소비해야 하기 때문에 개호자의 부담이 커진다.

■ 요개호 5

요개호 5는 개호 없이는 생활이 불가능한 단계다. 운동 기능뿐만 아니라 사고력이나 이해력이 요개호 4와 비교하여 현저하게 저하되기 때문에 의사소통이 매우 어렵다. 이 단계가 되면 방대한 시간을 간호에 소비하게 된다.

목차

추천의 글 • 5
옮긴이 서문 • 12
한국 독자께 드리는 글 • 15
시작하며 • 18
들어가기 전에 _ 일본의 장기요양 보험 분류단계 • 21

프롤로그 • 28

제1장 고난 속에서 발견하는 것

새로운 자신을 발견하는 여행 • 39
아이, 예뻐라 • 45
그녀가 살아온 의미는 있었을까 • 49
치매는 하나님의 은총의 시기 • 52
보물상자 열쇠를 가지고 • 59
칼럼 | 마더 테레사의 말 • 65
마지막까지 소중히 간직한 빨간 나비넥타이 • 67

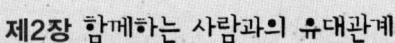

제2장 함께하는 사람과의 유대관계

곁에서 함께하는 것 • 76
약속은 지키려고 • 82
편히 쉴 수 있는 장소로 • 88
답을 찾을 수 없는 물음 앞에서 • 93
부녀의 약속 • 100
하나님의 마지막 질문 • 108
늙음은 하나님의 선물 • 116
"죽고 싶다"는 "살고 싶다?" • 124

칼럼 | V. E. 프랭클의 말 • 130

제3장 약함의 끝자락에 보이는 희망

약함을 자랑하자 • 132
노인 탄생의 소리 • 139
메멘토 모리(Memento mori) • 146
다양한 모습의 그리스도 • 152

칼럼 | 뉴욕시립대학병원의 벽에 새겨진 말 • 158

권말 부록 | 보다 나은 돌봄 현장을 위해 • 160
에필로그 • 169
참고문헌 • 171

프롤로그

　지금부터 약 35년 전 스무 살이었던 내가 시즈오카현(静岡県) 하마마쓰시(浜松市)에 있는 복지전문학교에 다니고 있었을 때의 일이다. 그곳의 가까운 신체장애인 요양 시설에서 사토 겐이치(佐藤健一)라는 나와 동갑내기 청년을 만났다. 겐이치는 근육난치병을 앓고 있어 중도신체장애로 인해 "으우~" 하고 이상한 소리를 내며 거실 바닥을 기어다니는 것 외에 할 수 있는 일이 없었다. 처음 겐이치를 보았을 때 나는 너무나도 처참한 그의 모습에 말문이 막혔다. 청춘을 즐기고 있었던 나의 생활과의 큰 괴리에 많은 충격을 받았다.

　겐이치는 중학생 때 발병하여 평생 낫지 않는 장애를 안고 살게 되었다. 그의 병과 장애는 경제적, 정신적인 가정붕괴를 가져왔고, 그를 시설에 보내야만 하는 상황이 되었다. 나는 그러한 겐이치에게 관심을 보이며 자주 찾아가 만났다.
　평일엔 학교가 끝나면 시설을 방문해 겐이치가 좋아하는 음악을 들으면서 시시콜콜한 이야기를 했다. 휴일에는 함께 외출하여 겐이치가 5년 만에 먹어본다는 패스트푸드점에서 식사를 하고, 시끌벅적한 거리와 인파를 눈을 굴려가며 바라보았다. 그는 웃는 얼굴로 "여자친구와 이야기하고 싶다"라며 한 사람의 청년으로서 마음의 갈망을 내비치기도 했다.

겐이치와의 교류가 깊어지고 복지전문학교의 졸업이 다가올 때쯤 일이다. 나는 앞으로의 진로에 대해 고민 중이었다. 그때 그의 옆에 앉아 아무 생각 없이 내 고민을 털어놓았다.

"나 졸업하면 앞으로 뭘 해야 할지 잘 모르겠어."

그러자 그는 불편한 몸을 비틀면서 몸 전체를 사용하여 천천히 글자판의 글자를 짚어나갔다. 내 눈을 똑바로 바라보며 이렇게 대답해 주었다.

"나 같은 사람들을 돌보면서 함께 살았으면 좋겠어. 그리고 언젠가 우리들이 고향과 집에서 살 수 있도록 해줘. 너라면 할 수 있을 거야."

10대 때 나는 매우 폭력적이었다. 겐이치와 만나기 전까지 나보다 불행한 사람은 없다고 생각했다. 정신질환을 앓던 나의 아버지는 40대에 병원에 입원했다. 28살 연하의 어머니의 손을 빌려 병원에서 탈출하여 함께 도망쳤다. 동네에서 쫓겨난 부모님은 멀리 떨어진 곳에 쓰레기장의 목재 등을 주워 모아 둘이서 땅을 파고 자재를 세워서 오두막집을 지었다. 그곳은 전기도 수도도 없었다. 물론 TV와 냉장고 아니 욕실조차 없었다. 촛불로 불을 밝혀야 했고, 겨울에는 칼바람이 집으로 들어와 추위에 떨었다. 아버지는 일할 수가 없어 어머니의 아르바이트 수입만으로 생활을 이어갔다. 빈곤의 극치였다.

내가 초등학교에 들어갈 때쯤 아버지는 나를 매일 아침 4시 반에 깨워 비가 오나 눈이 오나 몸이 안 좋을 때도 달리기를 강요하셨다. 말을 듣지 않을 때는 폭력을 가하고 나무에 매달 때도 있었다. 나는 폭력으로 가족을 지배하는 아버지에게 계속 저항하며 마음을 닫고 반발심으로 아버지와 세상을 저주했다. 그리고 힘만이 살아갈 유일한 방법이라 믿고 그것을 실행했다.

고등학교 때는 유명한 아이돌의 팬클럽 활동이 삶의 낙이었다. 표면적으로는 콘서트에서의 응원을 조직적으로 이끄는 집단이었지만, 상납제도가 있어 그 돈을 벌기 위해 당연하게 공갈과 강도를 저질렀다. 싸움과 경쟁이 끊이지 않는 폭력이 지배하는 조직이었다. 그 안에서 나는 승진을 거듭하며 시즈오카지구의 모든 조직을 이끄는 팬클럽 500명의 리더로 군림하게 되었다. 그러나 마음 깊숙한 곳에 수준이 낮고 학력이 없는 나를 사회와 학교에서는 아무도 필요로 하지 않는다는 열등감이 언제나 자리하고 있었다. 그리고 그 생각은 사라지지 않았다.

그러던 중 나는 폭력 사건에 휘말려 학교에서 근신 처분을 받았다. 모든 것을 폭력으로 해결할 수 있다고 믿었던 나에게 폭력에는 한계가 있다는 것을 깨닫게 해준 사건이었다. 동시에 유일하게 믿고 의지했던 '힘'의 존재를 잃게 되었다.

'힘으로 사람을 이긴다'를 대신해줄 것이 무엇일까? 나를 지지해 줄 것을 새롭게 찾아 헤매다 마지막으로 찾아간 곳은 지인이 다니던 교회였다. 그곳에는 병설보육원이 있어 갈 때마다 아이들이 천진난만한 얼굴로 주위에 몰려들었다. 몸을 슬쩍 피해도 "같이 놀자"라며 달려들었다. 나는 작은 아이들에게서 난생처음 내가 다른 사람에게 필요한 사람이라는 기쁨을 체험할 수 있었다.

학교를 다니지 못해 마을에서도 무시당하며 살아온 나는 항상 '가치 없는 존재', '아무짝에도 쓸모없는 존재'라고 생각해 왔다. 그러나 아이들은 있는 그대로의 나를 인정해 주었다. 그것은 매우 신선했고, 마음을 평온하게 해주었다. 나는 그 체험을 통해 성경의 하나님이 나의 존재를 동등하게 보시며 무조건 사랑하시고 OK 사인을 보내신다는 것을 알 수 있었다. 그리고 18세에 세례를 받았다.

　나는 아이들과의 만남을 통해 사람을 섬기는 일을 해야겠다는 생각이 절실해졌다. 그러나 당시 나의 학력으로는 대학에 들어갈 수 없었다. 죽을힘을 다해 초등학교 4학년 수준의 공부를 시작하고 학원에 다녔다. 그러던 중 요양복지와 신학을 공부하는 길에 들어서게 되었고 겐이치와도 만날 수 있었다. 1998년에는 가와사키시의 나카하라에서 교회를 개척했다. 동시에 같은 건물에서 지역의 복지거점을 만들기 시작했다. 겐이치로부터 받은 나의 사명을 실현하기 위해서였다.
　전문대학을 졸업한 후 겐이치와는 연하장만 주고받는 서먹한 관계를 유지하고 있었다. 언젠가부터는 그런 연락조차 뜸해지면서 연락이 끊겼다. 가와사키에서의 생활은 빠듯했지만 문득 겐이치가 머리에 떠오르곤 했다. 그럴 때마다 그의 소원을 들어주지 못한 채 어설픈 관계가 되어버린 나를 그는 어떻게 생각할지 수없이 많고 복잡한 생각으로 가슴이 답답했다. 그래서 과감히 그를 찾아가기로 했다. 그를 만난 지 어언 25년이 지난 어느 날의 일이다.

겐이치는 바로 나를 알아보고 오랜만의 방문을 환영해 주었다. 나는 그의 권유로 복지 일을 계속하고 있는 것, 결혼해서 예쁜 아내와 두 명의 귀여운 아이들과 살고 있다는 것 등 복지학교를 졸업하고 나서 지금까지의 이야기를 했다. 그리고 나는 용기를 내어 겐이치에게 물었다.

"기억나? 네가 나에게 이야기해 주었던 꿈. 지금도 그 꿈은 변함없는 거야?"

그가 자신과 같은 이들을 고향에서 살게 해 달라고 했던 것을 지금도 기억하냐고 물어본 것이었다. 겐이치는 심각한 표정으로 눈을 감고 천천히 고개를 끄덕였다. 그의 이 모습을 바라볼 때 나는 마음이 뜯겨나가는 기분이 들었다. 목이 메고 하염없이 흐르는 눈물을 멈출 수가 없었다.

"미안해. 네가 나에게 부탁한 약속을 결코 잊은 적은 없어. 복지사 자격을 따고, 그리고 목사가 되고 사회복지실천 기술도 배웠지만, 너의 생각을 조금도 실현할 수 없는 한심한 나 자신을 마주하는 것이 괴롭고 힘들어서 만나러 올 수 없었어. 너에게 정말 면목이 없어…."

겨우 거기까지 이야기하고, 그 이상은 더 말을 잇지 못한 채 눈물만 흘렸다.

그러나 정말로 괴로웠던 것은 내가 아니라 겐이치였을 것이다. 25년 전 나의 무책임한 질문으로 잠자고 있던 생각이 표출됐지만 그 후 그대로 내던져져 방치되어버린 겐이치. 그때 자신은 신중하게 대답해 주었는데, 결국 나로부터 아무런 도움도 받지 못하고 긴 세월 동안 실망의 나날을 보낸 그였다. 그는 25년 간이라는 긴 세월을 고향에서 살고 싶다고 바랐으나 그것을 이루지 못한 채 살았다. 그동안 어떤 생각으로 보냈을지 생각하니 마음속에 크나큰 죄의식이 느껴졌다.

겐이치는 눈물을 흘리고 있는 나에게 바짝 다가와 손을 잡고, 큰 눈동자로 따뜻하게 나를 바라보았다. 그렇게 한동안 우리는 손을 맞잡고 있었다.

"겐이치, 지금은 너의 꿈을 실현할 수 없지만 앞으로 계속 노력할게."

겐이치는 나의 진심 어린 말을 들으며 조용히 눈을 감고 크게 끄덕여 주었다.

복지 현장에서 만나는 사람의 모든 생각을 다 들어주는 것은 매우 어렵고 도저히 불가능하게 여겨질 때도 있다. 그래도 나는 내가 만난 내 곁에 있는 사람들과 계속 함께 걸어갈 각오가 되어 있다. 왜냐하면, 우리 한 사람 한 사람을 영원히 사랑하시는 하나님이 우리 곁에 항상 계시기 때문이다. 그래서 나도 포기하지 않을 것이다. 겐이치를 생각하며 오늘도 내 곁에 있는 사람에게 질문을 던진다.
"당신의 희망은 무엇인가요?"
"당신의 꿈을 알려주세요."

제1장

고난 속에서 발견하는 것

새로운 자신을
발견하는 여행

구로타 히데코(黒田秀子) 씨는 86세로 요개호 1단계인 여성이다. 시마네현(島根県)에서 태어난 히데코 씨는 결혼을 계기로 가나가와현(神奈川県) 안에 있는 단독주택으로 옮겨 현재는 혼자 살고 있다.

남편은 회사원이 적성에 맞지 않아 여러 직장을 전전하면서 안정된 생활을 이어가지 못했다. 그 모습을 보다 못한 히데코 씨는 남편과 함께 무역회사를 차리고 사업을 성공적으로 이끌었다. 히데코 씨는 현모양처로 세 아이를 키우면서 지방자치회 임원과 학교 자모회 임원 등도 맡아 하고 강사로 봉사활동까지 하면서 정신없이 뛰어다녔다.

70대에 가벼운 뇌경색을 앓았지만, 다행히 일상생활에 지장을 줄 정도의 후유증은 남지 않았다. 하지만 나이가 들면서 체력이 쇠약해지고 골다공증으로 허리와 다리에 통증과 함께 변형이 생겼다. 그로 인해 청소와 세탁, 취사 등 가사 전반적으로 돌봄이 필요하게 되어 우리 요양원의 재택돌봄서비스를 이용하게 되었다.

집에서 남편을 간호하다 먼저 떠나보낸 후 반년 정도 지났을 무렵부터 치매의 조짐이 나타났다. 그때까지 말하지 않았던 죽은 남편에 대한 불평과 불만, 분노와 갈등을 표출하기 시작했다.

몸 상태가 좋지 않다는 이야기도 했다. 머리가 멍해서 정신이 흐릿하고, 소리가 잘 안 들리고, 주변 사람의 말이 빠르게 들려서 이해하기 어렵고, 꿈을 꾸는 것과 같은 치매의 신체적 변화도 이야기하게 되었다.

일상생활에도 변화가 나타나기 시작했다. 요일을 모른다거나, 냄비를 태워 먹기도 하고, 같은 물건을 몇 번이나 사고, 돈 관리가 점점 허술해졌다.

게다가 파견 나온 요양보호사에게 "왜 똑같은 물건을 자꾸 사와요?" "그런 부탁한 적 없잖아요!"라고 고함을 지르기도 했다.

또 자신이 하던 일을 요양보호사에게 부탁해야 하는데 말이 바로 나오지 않거나 잊어버리는 일도 많아졌다. 자신의 생각대로 생활할 수 없게 되자 사소한 것까지 지시하고 집착하게 되었다. 그리고 실현하지 못한 것에 분노하고 점점 더 초조함이 쌓여가는 악순환에 빠지게 되었다.

마침내 "당신네 요양보호사, 내가 부탁한 것과 전혀 다른 엉뚱한 짓을 해요. 바꿔줘요"라고 화를 내는 일도 있었다.

히데코 씨는 요양보호사를 추궁하고 우리 요양원의 직원과 케어매니저에게 계속해서 불만을 호소했다. 나는 이 상태를 가족에게 전달했고, 가족은 히데코 씨를 병원에 데리고 가서 진찰을 받았다. 검사 결과는 뇌혈관성 인지증이었다.

1개월 후, 내가 히데코 씨의 집을 찾았을 때 히데코 씨는 생기 없는 얼굴로 부엌 의자에 멍하니 앉아 있었다. 그녀는 이런 말을 했다.

"왜 내가 치매에 걸린 거야? 앞으로 어떻게 되는 거지? 상상만 해도 무서워. 더 이상 비참하게 추태 부리며 살고 싶진 않아."

히데코 씨는 자신이 치매에 걸렸다는 현실에 큰 충격을 받았다. 그뿐 아니라 깊고 은밀한 부분까지 자신을 잃어가고 있다는 것에 매우 침통해했다. 앞으로 다가올 일들을 생각하니 그녀의 괴로움을 아는 만큼 가슴이 아파 무슨 말을 어떻게 해야 할지 몰랐다.

"치매 환자는 각자가 자기 영혼의 중심을 향해 깊이 걸어가는 여행의 길 위에 있다. 일찍이 자신을 정의한 인지의 표층과 인생을 경험하며 만들어진 엉클어진 감정의 혼란함에서 벗어나 자기 존재의 중심으로 인생의 진정한 의미를 부여하기 위해 나아간다." [1]

이것은 치매를 앓고 있는 당사자의 말이다. 히데코 씨는 확연히 치매로 인해 지적능력이 상실되고 기억장애로 일상생활에 지장이 있다. 사고능력이 떨어져 적절한 말이 나오지 않는 일도 많아졌다. 또 예전에는 타인에 대해 관용적이고 포용력이 있는 히데코 씨였는데, 항상 초조해하며 짜증이 나서 주변 사람에게 공격적인 언동을 하게 되었다.

하지만 치매로 인해 생겨나는 이러한 증상들은 '인간'으로서 망가져 가는 것이 아니다. 자신을 가두어 온 모든 것으로부터 자신을 해방시키고 본래의 자신을 되찾는 가치 있는 과정이다. 나는 여기에서 실낱같은 희망을 보게 된다. 치매가 의미 있는 것이라고 크리스틴 브라이든의 저서에서 읽을 수 있다.

히데코 씨 안에는 80년 이상을 살며 인생에서 체험한 다양한 마이너스 인식과 감정이 저장되어 있다. 살다 보면 누구나 마음 깊은 곳에 축적되는 감정이다. 사람은 그것을 무의식적으로 누르고 죽이며 산다. 치매에 걸리면 억눌려 있던 감정이나 인식의 문이 느슨해져 이성이나 상식으로 '이런 말을 해서는 안 된다', '이런 생각을 하는 것은 좋지 않다'라고 자신을 봉쇄해 왔

---

[1] Christine Bryden, *Who Will I Be When I Die?* (HarperCollinsPublishers, 2004); 크리스틴 브라이든, 《치매와 함께 떠나는 여행》, 김동선 옮김 (인터, 2005)-한국어판; 《나는 내가 되어간다》 (크리에이츠가모가와, 2000)-일어판

던 부정적 감정에서 해방되는 것이다. 그것은 '자신의 존재 중심으로 인생의 진정한 의미를 부여하기'가 성숙해가는 과정이며 인간으로서 후퇴해가는 것이 아니라는 의미에서, 히데코 씨의 탄식은 치매에 의해 본래의 자신을 찾는 여행의 시작이자 신호다. 히데코 씨에게 치매는 필요한 것이었다.

우리 요양보호사는 치매 환자의 합리적이지 못한 언동에 혼란을 겪고 만신창이가 되는 때도 있다. 그러나 관점을 바꾸면 치매 환자들은 일상의 불편함에 혼란스러워하면서도 인간적인 성장을 하며 계속해서 갈등을 겪고 있다는 것을 깨닫게 된다. 따라서 우리들은 치매 환자 한 사람 한 사람의 곁에서 새로운 자기발견과 진정한 자신으로 변모하는 아픔의 길을 함께 걸어가는 존재가 되었으면 한다.

이후로 나는 히데코 씨와 만날 때면 치매의 표면적인 언동 때문에 보이지 않았던 마음 깊은 곳에서 자신다움을 명확히 하기 위해 탄식하고 있는 목소리와, 혼란 속에 숨겨져 있는, 인간으로서 최후까지 자신답게 살아가려고 하는 언동을 받아들이고 고통의 중얼거림을 수용하려고 노력해 갔다.

히데코 씨는 최근 자신의 장례식 영정에 사용할 사진을 준비하거나 장례 프로그램을 생각하기도 한다. 지난번은 통칭 '인생 회의'라고 불리는 어드밴스 케어 플래닝(Advance Care Planning, ACP) 시간을 가졌다. 앞으로의 일이나 만약의 경우 스스로가 원하는 의료나 생활에 대해 논의한 것이다. 그러는 가운데 히데코 씨는 삶을 돌아보며 자신의 이야기를 해 주었다.

자신이 장녀이기에 할머니로부터 받아야 했던 호된 훈육의 괴로움, 전쟁 중과 전쟁 후의 어려웠던 상황, 초혼 상대가 결혼하고 몇 년 만에 병사한 것, 그 남편의 유언이 "가장 고생시킬 사람한테 시집가라"였고 또 재혼한 일, 그 부부생활에서 고생한 것, 그 고생을 아무에게도 털어놓지 못했던 괴로움 등이었다. 그래도 아이들을 주신 것, 어려운 사람을 돕고 사회에 공헌한 일 등 자신이 살아온 80여 년의 가혹한 인생 이야기를 해주었다. 그리고 나에게 "제 마음을 담은 유언장을 만드는 걸 도와주세요"라고 말했다.

나는 히데코 씨의 편안한 모습에서 그녀는 자신을 되찾고 평온한 죽음을 맞이하기 위해 인생을 총괄하는 작업을 하고 있으며, 그것은 '치매'가 가져다준 은혜라는 것을 실감했다.

일본에서 치매는 노인 3명 중 한 명이 걸리는 국민병이라고 한다. 그분들이 인생 종착지의 소중한 의미를 찾고 진정한 의미에서 평온한 나날을 되찾을 수 있는 사회야말로 정말로 안심할 수 있는 사회가 아닐까 생각한다. 그런 의미에서 나는 이 병에 걸린 분들이 그러한 경지에 이르는 날까지 봄에 새싹을 틔우듯 참고 견디며 계속 곁에서 지켜주려 한다.

아이, 예뻐라

　　　　　　　　나카무라 세쓰코(中村節子) 씨는 76세이며 요개호 1단계로 남동생 가족과 함께 살고 있다. 지적장애가 있는 세쓰코 씨는 끊임없는 사회적 편견의 거친 세파에 시달려 왔다. 10년 전부터 척추가 변형되어 보행 불안정으로 넘어지는 일이 잦아지면서 우리 요양원의 서비스를 이용하게 되었다. 세쓰코 씨는 지적장애와 함께 치매의 견당식 장애(見当識障害, 지남력 장애)가 나타나 주위의 상황을 바르게 인식하지 못하고 불안, 초조함 때문에 직원 곁에서 잠시도 떨어지지 못하게 되었다.

　　세쓰코 씨가 우리 요양원에 있을 시간대에 아버지를 간호하는 한 30세 여성과 그녀의 10개월 된 아기가 함께 있었다. 아기

엄마는 출산 전 검진으로 아기가 내장의 난치병을 안고 태어날 가능성이 크다는 선고를 받았으나 부부가 고민한 끝에 낳을 결단을 내렸다고 했다. 출산 후에는 아기의 수술과 육아 외에 아버지의 간호도 떠맡게 되어 극도의 피로감에 시달린다고 호소하며 "이 아이를 낳기 잘한 건가"라고 중얼거렸다.

나에게는 아기가 매우 슬퍼하며 엄마를 보고 있는 것같이 보였다. 엄마도 그 시선을 깨달았는지 아기와 눈을 맞추고 "미안해. 미안해. 이런 엄마를 용서해줘"라며 눈물을 흘렸다.

그때 주위의 상황을 알 리 없는 세쓰코 씨가 갑자기 일어나 침묵을 깨듯 모자에게 다가왔다. 나는 엉뚱한 언동을 해서 모자에게 상처를 주지 않도록 제지하려고 했지만 이미 때는 늦어 세쓰코 씨는 손을 뻗어 아기를 만지며 이렇게 말했다.

"아이, 예뻐라."

아기의 머리를 쓰다듬으며 웃는 얼굴로 아기에게 말을 걸었다.

"아이, 예뻐라. 착하기도 하지."

그리고 아기에게 볼을 비비기 시작했다.

많은 말을 하지 못하는 세쓰코 씨는 몇 번이나 같은 말을 반복했다. 그 말을 알아들었는지 아기에게 미소가 번졌다.

세쓰코 씨의 모습을 보고 나 자신이 인간에 대한 이해가 얼마나 결여되었는지 깨달았다. 나는 장애인이나 질병, 지적 수준 등의 부정적 요소로 사람을 판단하고 있었다. 예전의 나야말로 사회로부터 무시를 당해 왔고 고통을 받고 그런 사회에 대항해 왔는데 말이다. 그 판단 기준의 피해자로서 그렇게 고통스러워 하던 자신이 언젠가부터 가해자가 되어 있었다.

어머니에게 양해를 구하고 아기를 세쓰코 씨에게 안겼다. 사랑스러운 듯이 안아주는 세쓰코 씨, 나도 덩달아 아기의 작은 손을 잡고 "예뻐라" 하고 아기를 바라보며 마음을 담아 말했다. 그러자 아기는 천진난만하게 웃었다. 그 순간, 그곳의 분위기는 따뜻하게 변했다. 아기 엄마는 말했다.

"저 지금 처음으로 이 아이를 낳기 잘했다고 생각했어요. 지금까지 엄마로서 정말 죄를 짓고 있었다는 것을 알게 됐어요. 계속해서 자신을 책망하고 아기를 불쌍해하고 병약하게 장애를 안고 태어나게 한 것에 대해 죄책감이 있었어요. 하지만 장애를 가지고 있어도 세쓰코 씨와 같이 멋진 사람이 될 수도 있네요. 그리고 이 아이가 존재함으로 인해 주위에 희망의 빛을 비출 수도 있는 거네요."

아기 엄마는 울면서 자신의 아기를 꼭 끌어안았다.

생각지도 못했던 세쓰코 씨의 멋진 언행은 어디에서 나온 걸까? 70여 년 인생 속에서 고뇌하고 고통을 견디며 자연스럽게 묻어나온 인간으로서의 진정한 따뜻함이었다. 치매나 지적장애 유무와 관계없는 '인간의 핵'인 것이다. 이 '인간의 핵'은 나이가 들어도 치매에 걸려도 결코 소멸하지 않고 성숙해 간다. 어쩌면 치매에 걸리거나 돌봄을 받는 상태가 되면 더 쉽게 표출되는 것인지도 모른다.

이 핵에서 무엇과도 바꿀 수 없는 말과 행동이 생겨난다. 언동의 깊숙한 곳에 숨어 있는 핵을 우리는 간직하고 있을까? 그 사람만이 만들어 낼 수 있는 것, 사회를 풍요롭게 하는 것이 있다. 그것은 결코 하루아침에 생겨날 수 없는 것이다.

돌봄을 받는 사람은 보살핌을 받음과 동시에 사회의 일원으로서, 친절함과 배려로 누군가를 걱정하고, 사회에서 상처받고 실망한 사람을 위로하고, 다시 일어설 희망을 주는 역할이 있다는 것, 이것이야말로 지금 이 시대에 소중히 해야 할 사실임을 깨닫게 해준 사건이었다.

그녀가
살아온 의미는 있었을까?

93세의 독거여성 이토 미치코(伊藤道子) 씨가 사망했다. 그녀는 동북쪽 시골 마을에서 18남매 가정에서 자랐다.
'입 줄이기', '사람 줄이기'라는 말을 들어본 적 있는가? 옛날 일본에 있었던 풍습이다. 가난해서 가족이 먹고살기 힘들 때 남자아이와 여자아이를 남의 집살이를 보내고, 나이 많은 딸은 팔고, 아기를 강에 흘려보내 가족의 수를 줄인 것이다. 인형인 '고케시'는 '아기 지우개'라는 뜻으로, 아이를 대신한다는 의미를 담고 있다.
미치코 씨는 입을 줄이기 위해 열 살 때 낯선 곳에 하녀로 가게 되었다. '하녀'는 다른 가정에 살면서 아침부터 저녁까지 가사나 육아를 돕고 그 가정을 위해 봉사하는 일을 한다. 친엄마와 떨어져 아침부터 밤까지 쉬지 않고 일하는 환경은 10살짜리 여자아이에게 너무나 괴로웠다고 미치코 씨는 말했다. 그리고 그 가정에서 시키는 대로 15세에 결혼해서 남편의 술주정과 폭력을 견디며 가정을 지켜왔다. 그리고 노년에 이르러 빈곤 속에서 햇볕이 들지 않는 집에 살면서 홀로 파란만장한 생애를 마감하고 사후 3일째에 발견되었다. 고독사였다.

미치코 씨는 "나는 쉴 새 없이 일하느라 허리와 다리, 심장이 안 좋아. 그래도 입 줄이기만 했지 사람 줄이기는 없어 숨아내지 않아서 다행이었어"라고 입버릇처럼 말했다.

생전에 한 직원이 미치코 씨에게 "설날에 게(일본에서 정월에 먹는 풍습이 있다―역자주)는 드셨어요?"라고 물었다. "그런 거 이제까지 먹어 본 적 없어"라고 미치코 씨는 대답했다.

직원에게 악의는 없었겠지만, 이 이야기를 듣고 미치코 씨가 인생에서 받아야 할 행복을 누렸을까 하는 생각이 들었다. 그녀가 손에 쥔 것은 고통뿐이었던 것은 아닐까 하고 빈곤의 혹독함을 다시 한번 생각하게 되었다. 사회가 안겨준 '부'(負, 짐, 빚)를 미치코 씨는 온몸으로 떠안고 세상을 떠났다.

'삶에 만족한다'는 관점도 중요하지만, 누구나 누릴 수 있는 '문화적인 생활'이라는 관점을 기억해야 한다고 절실히 느꼈다.

신자유주의로부터 초래된 경제 격차 훨씬 이전부터 빈곤은 존재했다. 변하지 않는 크나큰 사회의 부조리함 앞에 미치코 씨가 무엇을 할 수 있었을까 자문하며 미안함에 고개를 숙였다.

마지막 해 미치코 씨는, 우리 요양원 주간돌봄서비스를 이용하고 있었다. 팔과 허리, 무릎 통증, 심장병으로 숨이 차면서도 항상 동료 어르신들을 위해 간식을 만들거나 식기를 정리해 주었다. 때로는 우울해하는 직원의 말을 들어주기도 했다. 본인 자신은 만신창이면서도 우리를 격려해주는 그녀의 미소는 순탄한 인생에서는 얻을 수 없는 삶의 깊이를 우리에게 보여주었다. 무엇보다도 미치코 씨의 죽음이 알려졌을 때 모든 직원이 눈물을 흘린 것은, 그녀가 사람 줄이기의 대상이 아닌 고뇌의 삶 속에서 살아온 그녀의 인생이 깊은 의미가 있었다는 증거라고 나는 절감한다. 그리고 미치코 씨가 보여준 삶의 방식과 인생의 깊이는 틀림없이 우리의 영원한 재산이 되었다.

우리 요양원을 이용함으로써 미치코 씨는 '사람과 사람의 관계로부터 얻게 되는 행복'을 얻었을까? 그것은 어떤 것이었을까? 고생을 보상받을 만한 것이었을까?

미치코 씨, 고생 많았던 삶 수고 많으셨습니다. 나는 당신에게 받은 과제와 마주하겠습니다. '사는 기쁨을 느낄 수 없는 가난'을 더 이상 낳지 않기 위해 무엇을 할 것인지, 계속 물어보며 저는 나아갈게요. 그것이 당신이 고난 속에서 살아온 인생에 의미를 부여하는 것이니까요.

치매는
하나님의 은총의 시기

다나카 노리코(田中典子) 씨는 90대 여성으로 요개호 1단계이다. 5년 전 남편을 잃고 나가사키현(長崎県)에서 딸 부부가 사는 가나가와현으로 이사를 왔다. 3년 전부터 알츠하이머로 인한 인지장애가 생겨 현재는 일상생활에 지장을 주는 인지장애나 행동, 의사소통의 어려움이 다소 있지만, 누군가 주의를 기울여 봐주고 있으면 자립할 수 있는 상황이다. 6개월 정도 전부터 그녀를 돌보고 있던 따님에 대한 감정 조절이 잘 안 돼 갑자기 관계가 나빠졌다. 그것을 계기로 노리코 씨는 요양보험을 이용하게 되었다.

모녀 관계성 악화의 원인은 인지기능 저하로 인해 기억이 모호해지고, 기억장애로 시간이나 사람의 인식도 희미해지는 데서 올 가능성이 크다고 판단된다. 따님에게 인지 증상을 이해할 수 있도록 조언하는 것을 검토하고 있었다.

그러던 차에 노리코 씨가 이런 말을 꺼냈다.

"딸한테는 정말 미안해. 피폭된 후에 딸을 낳고 그 딸을 피폭 2세로 만들어 버린 게 나거든. 그때 그 장소를 지나가지 않았다면 나는 피폭되지 않았을 거고 딸도 그렇게 고생하지 않아도 되는데. 내 이기심으로 그 애를 낳아서 걔가 힘든 일을 많이 겪었지. 내 딸로 태어나지만 않았어도 더 행복해질 수 있었는데…. 지금 그런 후회가 머릿속을 뱅뱅 맴돌아."

노리코 씨의 뺨을 타고 눈물이 하염없이 흘러내렸다. 노리코 씨와 따님과의 관계가 험악해진 원인은 단순히 치매에 의한 뇌의 기능 저하만이 아니었다. 지금까지 안고 살아온 인생의 미해결 과제를 죽기 전까지 해결하고 싶다는 마음의 발로였다. 그 갈등이 BPSD(behavioral and psychological symptoms of dementia, 신경행동증상)의 형태로 드러나게 된 것이다.

'치매인정요법'(validation therapy)이라는 치매 환자에 대한 전인적 케어 개념에 따르면 치매 노인들은 편안한 죽음을 맞이하기 위해 지금까지 봉인해 온 삶의 미해결 과제, 후회나 실패, 소중한 사람과의 이별이나 갈등 등 소화할 수 없었던 감정이나 사건의 의미 등을 해결하려고 이에 직면하고 몸부림치고 있다고 한다. 그리고 이 갈등을 '영혼의 아픔'(spritual pain)이라고 한다.

노리코 씨는 치매에 걸려 비로소 지금까지 가슴속 깊이 삼키고 묻어 두었던 여러 가지 감정이 겉으로 드러난 것이다. 그것은 한순간에 자신의 인생을 크게 바꿔버린 피폭이라는 부조리에 대한 분노와 누구보다 소중한 딸의 행복 저해 요인이 실은 자신이라는 괴로움, 그리고 평화교육에 종사해 온 것에 어느 정도의 가치가 있었을까 하는 인생에 대한 의문이 뒤섞인 것이었다.

그러한 부정적인 감정을 표출시키는 것은, 자신의 삶에 의미가 있고 자신의 존재에 가치가 있다는 것을 인식하고, 지금의 자신을 긍정적으로 받아들여 죽음을 맞이하기 위한 '통합기'에 필요한 과정인 것이다.

치매에 걸린 사람은 지금까지 걸어온 자기 인생의 에피소드(그것을 one's history라고 한다)를 되돌아보며, '어째서 괴로움뿐인 삶이었는지, 다른 삶도 있지 않았을까? (왜 이 삶이었을까?)' 하고 갈등한다. "나는 무엇을 위해 살아왔는가?", "내가 태어난 가치가 있었을까?" 끊임없이 살아갈 의미와 존재 의의에 대한 의문이 생겨나고 해답을 모색한다. 그렇게 함으로써 무엇과도 바꿀 수 없는, 될 수 있으면 지금에 이르기까지 하나님이 주신 유일한 자신의 삶을 인정하고 받아들일 수 있는 것이다.

확실히 치매 환자는 지금까지 사회 규범이나 감정의 조절이 느슨해져 논리정연한 언동이 어려워진다. 하지만 자기 규제가 느슨해짐으로써 영혼이 드러난다. 쓰라린 과거를 되돌아보며 같은 말을 몇 번이고 되뇌는 것은 그 때문이다. 가족이나 일, 인생의 선택에 대한 후회나 분노 등을 맞닥뜨리고 있을 뿐이라고 오해할 수도 있다. 하지만 사실 그것을 '누군가에게 말하는 것'이 필요하다. 끝도 없이 반복되는 '후회 많은 인생 이야기'에 귀 기울여 주는 사람이 있어야만 비로소 자기 정체성을 다시 찾을 수 있다. 그러면서 자신의 인생은 이것으로 좋았다고 인정하게 된다. 자신의 이야기는 그 과정에서 일어나는 것이다.

노리코 씨는, 그 후에도 따님이나 나에게 또 직원들에게 자신의 생각을 계속 토로했고, 마지막에는 마음 평온하게 여행을 떠났다.

요양보호사인 우리는 자기 인생사를 이야기하는 사람의 반복하는 말을 통해 사실을 확인하는 것이 아니라, 심정을 헤아려 "그렇게 느끼고 있었군요", "그럼요, 그렇죠", "네, 그래요"라고 받아들여주는 것이 중요하다. 따뜻한 공감을 얻음으로써 기억하는 어떤 사건에 관련된 감정과 생각이 다시 편집되어 그 사건에 대한 인식이 바뀐다. 감정이 수정되고, 그 당시에는 깨닫지 못했던 진실을 만나게 된다. 사람은 다른 사람의 긍정적인 반응에 의해 삶을 통합할 수 있다.

그것은 바꾸어 말하면, 자신이 선택했다고 생각했던 일도, 그것을 선택할 수밖에 없었던 일도 모두 하나님이 주신 삶이었다는 사실을 깨닫기 위한 과정이었다.

사람은 누구나 하나님의 사랑을 받고 생명을 얻어 세상에 태어난다. 그러나 실제로는 인생의 의미를 잃는 경우도 아주 많다. 살아가는 게 힘에 겨워 하나님조차 찾을 수 없는 인생도 있을 것이다. 그래도 인생의 마지막에 '사건'과 '사건'을 연결하고, '의미'나 '문맥'에 대한 '해석'을 새롭게 해 지금의 삶을 인정해 가는 기회가 주어지는 것이다. 그리고 어떤 일이든 소용없는 일은 없었고, 하나님이 주신 최고의 길을 걸어왔다는 것을 깨닫게 된다.

이것은 하나님을 믿거나 믿지 않거나 교회에 다니거나 다니지 않거나, 세례를 받고 안 받고에 관계없이 발생한다. 그래서 우리는 나이 든 가족이나 치매에 걸려 돌봄을 받는 사람에게 세례를 받게 해야 하고 교회에 다니게 해야 한다고 초조해할 필요가 없다. 몇 가지 있었던 일들을 이야기하면서 인생을 되돌아보는 작업을 통해 사람들은 이미 각자가 하나님과 만나기 때문이다. 하나님이 주신 삶을 받아들이는 과정은 그 자체가 하나님을 받아들이는 과정이기도 하다.

그래서 인생을 마무리하려는 사람과 마주할 때 가장 중요한 것은 세례를 받게 하는 것도 교회에 데려가는 것도 아니고, 그저 그 사람의 삶의 이야기를 경청하고 그동안의 삶을 받아들이는 과정을 함께하는 것이다.

발자국

어느 날 밤 꿈을 꾸었다.

하나님[2]과 해변을 걷고 있었다.

어두운 밤하늘을 가로질러 내 삶의 장면들이 번쩍였다.

장면마다 모래 위에 두 사람의 발자국이 있었다.

하나는 나의 것, 또 하나는 나의 주님 것

내 인생의 마지막 장면이 비쳤을 때

나는 모래 위의 발자국을 돌아보았다.

발자국이 하나밖에 없었다.

내 인생에서 가장 힘들고 괴로운 순간이었다.

이 사실은 항상 나를 괴롭혔다.

나는 그 고민을 하나님께 여쭈어보았다.

"주여, 내가 당신을 따르기로 결심했을 때,

당신은 모든 길을 나와 함께 걸으며

함께 이야기하기로 약속하셨습니다.

그런데 내 인생에서 가장 힘들고 괴로울 때

한 사람의 발자국밖에 없었습니다.

당신을 가장 필요로 했을 때

당신은 왜 나를 버리셨는지

저는 모르겠습니다."

---

2) 성경에 적힌 하나님

하나님이 대답하셨다.

"나의 소중한 아들아, 나는 진심으로 너를 사랑한다.

너를 결코 버려둔 적이 없다.

더구나 너의 고통의 순간에

발자국이 하나였던 것은

내가 너를 업고 갔던 것이니라"[3]

---

3) マーガレット・F・パワーズ(Margaret Fishback Powers), 《あしあと》(Footprints), 松代惠美(마쓰요 에미) 옮김 (太平洋放送協会, 1996).

보물상자 열쇠를
가지고

구로이와 게코(黒岩惠子) 씨는 86세로 딸 가족과 함께 살고 있었다. 3년 전부터 치매 증상이 있어 돌봄이 필요해 주간돌봄서비스를 이용하게 되었다.

게코 씨는 아버지가 인쇄공장을 경영했었기에 유복한 가정에서 자랐다. 학생 때는 언제나 붓글씨 대회에서 우승을 했고, 게다가 문학소녀였다고 한다. 어려서부터 서예를 배웠고 많은 책을 읽으며 여학교를 졸업했다. 다도, 꽃꽂이, 재봉도 익혀 재봉지도사 자격증을 취득할 정도로 다재다능했다.

전후 피난처인 오사카에서 자택으로 돌아갈 때 열차에 실을 수 있는 것이 제한되어 있어 케코 씨는 많은 것을 버려야 했다.

의류, 식료품…. 그중 그녀가 절대로 놓지 않았던 것이 있다. 그것은 '재봉 도구'였다. 가재도구가 없고 먹을 것이 없어도, 또 비참한 가운데서 '재봉 선생님'이라는 자신의 자존심을 지키기 위한 도구를 절대 포기할 수 없었다.

주간서비스에서는 친한 친구들과 즐겁게 시간을 보내는 게코 씨였지만, 집에서는 불안감에 안정을 찾지 못하고 이리저리 돌아다니거나, 없어진 물건을 온종일 찾아 헤매거나, 가스 불을 켜놓고 잊어버려 화재 일보 직전까지 간 경우가 종종 있었다. 그 외에도 혼자 외출하면 집을 찾아오지 못하는 치매 증상도 있었다. 안전을 위해 가족은 게코 씨의 행동을 제한해야 했고, 그런 게코 씨는 집에서 할 수 있는 일이 없어졌다.

어느 날 게코 씨가 이렇게 토로했다.

"나는 아무 할 일이 없어요. 살아있지만 죽었죠."

과거 문학소녀다운 한 단면을 보여주는 무거운 말에 나는 할 말을 잃었다. 묵묵히 서 있는 나에게 그녀는 중얼거렸다.

"고생한 것은 지금도 잊을 수가 없어요."

다재다능한 경험, 몸에 익힌 기술, 그 때문에 했던 많은 고생. 게코 씨라는 그릇에는 보물이 가득 차 있다. 어떻게 하면 게코 씨가 살아있다는 것을 실감하고 자신을 되찾을 수 있을까 생각했다.

그러던 어느 날, 내 코트 지퍼의 실이 풀려 있었다. 나는 주간 서비스에 와 있는 게코 씨에게 "이 지퍼 좀 고쳐주시겠어요?"라고 부탁해 보았다. 게코 씨가 잘하는 것을 활용함으로써 잠재 능력을 살릴 수 있을 것이라고 생각했다.

실패할까 봐 두려운지 "이건 어려운데"라고 게코 씨는 주저했다. "꼭 게코 씨가 고쳐주셨으면 좋겠는데"라고 간곡히 부탁하자 "일단 해보긴 하겠는데요"라고 고향의 사투리로 말하며 받아주었다. 나는 코트를 벗어 게코 씨에게 건네주며 담당 요양사에게 지켜봐 달라고 당부하고 찬바람이 부는 밖으로 나갔다.

그날 저녁, 나는 게코 씨가 있는 곳에 코트를 가지러 갔다. 불안과 기대가 교차하면서 긴장되기까지 했다.

"다 됐어요. 여러 번 박았으니까 이젠 괜찮을 거예요. 또 뜯어지면 와요."

그것은 너무 훌륭한 바느질 솜씨였다. 주위의 동료들도 그 솜씨에 놀라며 박수를 쳤다. 전후 생활 재건의 와중에 남편을 잃은 게코 씨였다. 재봉질로 여자 혼자의 몸으로 아이들을 키우고 죽을힘을 다해 그 고난을 버텨온 것이다. 밤일을 하면서 거칠어진 손을 비비며 필사적으로 계속해온 바느질은 어느새 누구에게도 뒤지지 않는 기술이 되었고, 지금도 녹슬지 않고 빛나고 있었다. 나는 오랜 인생을 살면서 몸으로 익힌 그녀의 기술이 너무도 훌륭해서 놀라움을 금치 못했다.

"게코 씨, 감사해요. 이걸 입으면 몸도 마음도 따뜻해지겠네요."
내가 감사의 마음을 전하자 "뭐 감사받을 일도 아닌걸요. 근데 많이 추웠죠? 빨리 입어요"라고 수줍은 미소를 지으며 코트를 건네주었다. 나는 지금도 그 코트의 지퍼를 올리고 내릴 때마다 게코 씨의 자랑스러운 미소와 그 따뜻함을 잊을 수가 없다.

일주일 후 나는 다시 게코 씨가 있는 곳으로 갔다. 나는 코트를 벗어 고쳐준 지퍼 부분을 보이며 "이 바느질 솜씨, 정말 대단해요"라고 말하자 "그렇긴 해요. 제가 꿰맨 거니까. 내가 쓴 글씨와 꿰맨 것은 보면 금방 알지"라고 만면에 미소를 띠었다.

밥 먹은 것조차 잊어버리는 게코 씨이지만 그 미소에서 다시금 자신에 대한 자부심이 생겨났다고 확신했다.

"인간의 몸은 질그릇이다. 몸은 썩어도 깨끗한 물을 넣으면 그릇은 깨어져도 물이 땅에 스며들어 초목을 자라나게 한다. 인간에게는 그 물인 '생명'이 소중한 것이다."[4]

우리의 몸은 언젠가는 병들고 늙어 결국 흙으로 돌아가는 보잘것없는 질그릇이다. 특히 돌봄이 필요한 몸은 노화와 함께 금 가고 깨져 없어지고 썩어간다. 그 과정에서 게코 씨와 같이 치매에 걸려 살아갈지도 모른다.

---

4) 日野原重明(히노하라 시게아키), 《生きかたの選択》(사는 방법의 선택), (河出書房親社, 2002).

겉으로 보이는 몸은 금 가고 깨어졌어도 그것으로 끝이 아니다. 중요한 것은 그 그릇에 담긴 물인 '생명'이다. 썩어가는 그릇에 한 방울씩 떨어지는 물이 대지를 적시듯, 깨져 부서진 그릇에서 흘러나온 '생명'이 사람과 사회에 스며들어 풍족함을 만들어낸다.

우리 사회가 요양이 필요한 사람이 보호받는 시대에서 적극적인 역할을 담당하는 성숙한 모습으로 새로 태어나려 하고 있다. 깨진 질그릇에서 흘러나온 '생명'을 사회로 흘려보낼 수 있도록, 그리고 우리가 그러한 생명을 훌륭한 것으로 인정하고 받아들이게 될 때 사회는 풍요로운 모습으로 변모해 나갈 것이다.

가령 돌봄을 필요로 하는 이라도 누구나 게코 씨와 같이 풍성한 보물을 소유하고 있다. 그러나 많은 이들이 돌봄이라는 현실 앞에서 자기 속에 있는 보물을 잃어버리고 자신을 드러내지 못하고 역량을 발휘하지 못한다. 주위에 있는 사람도 그 보물상자의 열쇠를 찾으려고 하지 않을 뿐 아니라 처음부터 '보물 따윈 없다'고 단정해 버린다. '보물이 없는 자신은 아무짝에도 쓸모가 없다'며 무기력과 고독에 빠져 '나는 아무것도 할 일이 없어. 살아있지만 죽었어'라고 느끼며 내일의 희망을 잃는 일이 돌봄을 받는 사람에게는 많다.

그러나 치매에 걸린 사람이라도 그 사람을 필요로 하는 누군가가 있고, 그렇게 필요로 하는 장소와 조금의 도움이 있다면 그 사람 안에 숨어 있는 그만의 잠재력을 이끌어낼 수 있다. 자신답게 사는 것은 누군가를 위해 쓰여야지만 빛을 발할 수 있고, 쓰면 쓸수록 자기 자신을 되찾을 수 있다는 사실을 게코 씨가 가르쳐 주었다.

사람은 누구나 역할이 있게 마련이다. 그 사람이 하고 싶은 일과 과거에 잘했던 일, 좋아했던 일을 중심으로 지금도 할 수 있는 일들을 찾아 끌어내 주고 싶다. 그 일은 꽃을 키우는 일일 수도 있고, 애완동물 먹이 주기, 손주의 말벗이나 수다 상대, 가족의 역사를 전하는 역할, 요리 또는 일요 목수 등 여러 가지가 있다.

어떤 역할을 이쪽에서 찾아준다면 고령자가 스스로 반응하고 느낄 수 있을 것이다. 나는 그 가능성을 계속 믿으며, 희망과 확신의 열쇠를 손에 쥐고 요양자분들의 보물상자 곁에서 함께 하려고 한다.

"우리가 이 보배를 질그릇에 가졌으니"(고후 4:7a).

칼럼

마더 테레사의 말

"이 세상의 최대 불행은 가난과 병이 아니에요. 아무도 자신을 필요로 하지 않는다고 느끼는 것이지요."[5]

"아픔을 느낄 때까지, 내가 상처를 받을 정도로 [사랑을][6] 모두 드리세요."[7]

현대사회의 많은 사람이 빈곤과 질병 등으로 괴로움을 겪고 있다. 하지만 이 세상에는 그것보다 더 불행한 일이 있다. 그것은 아무도 자신을 필요로 하지 않는다고 여기는 '고독'이라는 불행이다.

누구도 자신을 필요로 하지 않을 때 '자신은 살 가치가 없다'고도 느끼는 것이다. 우리는 그 한 사람 한 사람을 묵과하지 말

---

5) 千葉茂樹(치바시게키) 편저,《マザーテレサとその世界》(마더 테레사와 그 세계), (女子パウロ会, 1980).
6) 필자 가필
7) ホセ・L・G・バラド(Jose Luis Gonzalez-Balado) 편저,《マザーテレサ愛と祈りの言葉》(마더 테레사 사랑과 기도의 언어), 渡辺和子(와타나베 가즈코) 옮김 (PHP文庫, 2000).

고, 저 십자가 위에서 '아픔을 느끼면서도 자신이 상처 입을 정도로 [사랑을] 모두 주신' 분이 지금도 우리 곁에서 그렇게 하고 계시다는 것에 시선을 돌렸으면 한다. 분명 우리는 '아픔을 느낄 만큼, 자신이 상처를 입을 정도로 [사랑을] 모두 주는 것'은 불가능하다.

그러나 나는 그러한 사람에게 아주 작은 것이라도 모델 삼아 '이제 혼자가 아니다', '당신은 살 가치가 있다'는 것을 전하고 서로 나누기 위해 오늘도 나아가고 있다.

마지막까지 소중히 간직한
빨간 나비넥타이

91세의 사이토 이즈미(斎藤泉) 씨는 요개호 2단계로 노인복지시설에 입소한 남성이다. 오랫동안 혼자 살다가 식사와 목욕 등 일상생활이 힘들어지고 아들 부부와 사이가 나빠지면서 어쩔 수 없이 시설에 입소하게 되었다.

그때까지 혼자 자유롭게 살아온 이즈미 씨에게 단체생활은 너무나 억압된 것이었다. 그는 지팡이를 짚고 걸어 다니며 시설의 다른 이용자들에게 가서 온종일 말을 걸거나 사소한 것에 화를 내거나 또 "나는 황족 출신이야"라는 등 망언 비슷한 말을 일삼는 등 문제가 많은 입소자였다. 그리고 문제가 생길 때마다 아들이 불려왔다.

이즈미 씨는 시즈오카현(静岡県) 동부의 소작 농가에서 6형제 중 차남으로 태어났다. 농사일에 바쁜 부모님을 도와 동생들을 돌보느라 거의 초등학교에 다닐 수 없었다. 밤이면 술버릇이 고약한 아버지의 폭력으로부터 도망치는 나날을 보내며 열두 살 때 양자로 보내졌다.

그는 부모님의 사랑을 받지 못하고 성장했다. 열다섯 살에 국철(현 JR)의 청소부로 일하기 시작해, 마흔 살 때 열차 외부를 청소하다가 달리는 차량에 머리를 부딪쳐 크게 다치고 고차뇌기능장애(高次脳機能障害) 판정을 받았다. 주변 사람들이 말과 행동이 이상하다며 정신병원에 입원시키는 바람에 여러 번 전기충격 치료를 받았다. 이즈미 씨는 이대로는 자신이 폐인이 될 것 같아 병원에서 탈출했다.

그 후 서른 살 연하의 여성과 동거하게 되었다. 세 명의 아이들이 생겼고, 마침내 안주할 땅을 찾았다. 하지만 그곳은 전기도 수도도 없고 인가가 없는 외진 곳으로 주워 모은 자재로 직접 만든 오두막이었다. 아이들에게는 자신을 멸시한 사회에 대한 앙갚음으로 스파르타 교육을 했다. 장애 때문인지 교육 방법이 극단적이어서 따르지 않으면 가차 없이 폭력을 행사했다.

고등학생이 된 아들은 아버지로부터 도망치기 위해 집을 뛰쳐나갔다. 하지만 폭력으로 자란 아들은 자신도 마음에 들지 않으면 말보다 주먹이 먼저 나가는 일이 다반사였다. 그리고 급

기야 상해 사건까지 저질렀다.

시간이 지나 그 아들도 가정을 가지게 되었다. 아버지에게 받은 가정폭력이라는 악순환의 고리를 끊기 위해 열심히 노력했다. 그러나 강한 대인 스트레스에 노출되면 감정을 주체하지 못할 때도 있었다.

"내 마음속 깊은 곳에 가두어 둔 파괴적인 몬스터가 있어요. 그 몬스터를 붙들어 놓고 풀어 놓지 않으려고 죽을힘을 다했어요"라고 아들은 당시를 회상했다.

아버지인 이즈미 씨와 그의 아들은 만날 때마다 곧잘 충돌하고 싸움으로 이어지곤 했다. 그렇게 시간이 흘러 이즈미 씨는 80대 후반이 되어 버렸다. 유일하게 이해해주던 내연의 처를 잃고 외톨이가 되어 버렸다. 그리고 마침내 시설에 입소하게 되었다.

그는 항상 자신에게 무엇인가가 빠져있는 듯한 부족함을 느꼈고, 그런 생각에 사로잡힌 인생을 계속 살아왔다. 그리고 아들은 그런 이즈미 씨의 부정적 감정에 계속 농락당해온 것이다.

하지만 하루가 다르게 체력이 떨어지는 이즈미 씨를 본 아들은 아버지와의 관계를 회복하지 않으면 평생 자기 마음속에 사는 파괴적인 괴물에게 시달릴 것이라는 사실을 깨달았다. 그래서 단단히 결심하고 나약해진 이즈미 씨와 시설에서 마주했다.

"아부지, 얘기 좀 합시다!"

아들은 침대 옆에 앉아 있던 아버지에게 말을 걸었다.

"솔직히 말하자면 나는 지금까지 도저히 아버지를 용서할 수 없어요. 지금까지 아버지에게 당한 폭력이나 폭언으로 얼마나 상처 입고 오랫동안 고통을 겪었는지 모릅니다. 자신이 한 일을 나에게 사과하세요. 그렇지 않으면 아버지를 용서할 수 없고 화해도 할 수 없어요."

이즈미 씨는 잠시 침묵한 뒤에 말했다.

"그랬냐. 내가 좀 더 네 마음을 이해해줬으면 좋았을걸. 잘못했다…."

이즈미 씨는 난생처음으로 아들에게 사과했다.

그 '아들'이란 바로 나의 이야기다. 완고하고 다른 사람의 의견 따위는 들으려 하지 않던 아버지가 사죄하리라고는 상상도 못했다. 나이가 들고 몸이 쇠약해져서 죽음을 앞두고 그런 생각이 들었을 수도 있다. 그때는 너무 놀랐지만 어이없고 허무했다. 큰 감동 없이 그 말이 그냥 마음을 스쳐 지나갔다.

하지만 그 이후로 아버지도 어려운 상황의 피해자였다고 이해할 수 있게 되었다. 그로부터 돌아가시기까지 1년 정도 시간이었지만, 그동안 마음속 깊은 곳에서 불같이 올라오던 아버지를 향한 미움도 차츰 사그라들고 평온한 공기가 우리 두 사람 사이에 흐르게 되었다.

나는 과거 아버지가 고생했던 이야기를 차분히 듣고 싶어 몇 번인가 그의 이야기를 들었다. 그리고 아버지가 지상에서 살아갈 날이 얼마 남지 않았을 무렵 "아버지의 생각도 이해해요"라고 말할 수 있었다.

아버지가 돌아가신 후 5년 동안 아버지의 "잘못했다"는 말로 인해 내 마음이 조금씩 변해갔다. 증오가 가끔 플래시백되기도 하지만 아버지의 그 말을 되새기며 다시 안정을 찾는 일이 여러 번 반복되었다. 이제 증오가 사라진 단계에서 한 걸음 더 나아가 아버지를 용서할 수 있게 된 것 같다. 그 과정에서 용서의 중요성과 훌륭함을 배웠다.

사실 아버지가 사죄하게 된 배경에는, 아버지가 안고 있던 성장 배경과 부조리에 가득 찬 인생의 증오를 받아 준 요양보호사가 있었다. 비참하고 먹먹한 인생 이야기를 끝도 없이 반복하는 아버지의 말에 인내심을 가지고 귀를 기울여준 것이 담당 요양보호사였다.

주위의 인정과 칭찬을 받고 싶었던 아버지가 "빨간 나비넥타이를 매고 노래하고 싶어"라고 말을 꺼냈다. 보통은 무슨 바보 같은 소리를 하나 하고 상대를 하지 않는 요양보호사도 있을 것이다. 그러나 그 직원은 아버지의 말을 하찮게 여기지 않고 나비넥타이를 종이로 정성스럽게 만들어 목에 매고 노래할 기회를 만들어 주었다. 아버지는 그 나비넥타이를 가족사진과 함께 마지막까지 침대 옆에 소중히 간직했다.

돌봄을 정확히 업무상의 인간관계라고 본다면 노인의 장난 같은 말을 거절할 수도 있다. 그렇지만 아버지를 담당한 요양보호사는 아버지의 생각을 존중해 진지하게 받아주고 무시하지 않고 마주하며 관계를 계속 이어갔다. 그 지원(인간) 관계는 돌봄을 받는 사람에게 "나는 존중받고 있구나"라는 생각이 들게 하고, "나는 들어줄 가치가 있고, 살 가치가 있는 사람으로 인정받고 있구나"라는 긍정적인 마음이 생기게 한다. 그 결과 절대 쉽지 않은 묵혀두었던 화해와 행복한 미래가 우리 부자에게 주어졌다.

가족관계가 원인으로 돌봄이나 생활에 어려움을 겪고 있는 사람을 만날 수도 있다. 그때 상대가 어떤 사람이든 가치 있는 인간으로서 마주하는 것이 중요하다. 그렇게 함으로써 큰 실망이나 슬픔을 안고 있는 사람이 변화하는 힘을 얻을 수 있다. 아버지가 나와의 관계를 재구축했듯이, 당사자 자신이나 그 가족끼리는 도저히 해결할 수 없었던 큰 과제까지도 다른 사람의 개입으로 바꾸는 힘이 된다. 그곳에 바로 돌봄의 묘미와 인간의 본질이 있다.

"돌봄이란 가장 깊은 의미로 그 사람이 성장하는 것과 자아실현을 하도록 도와주는 것이다."

"배움이란 (중략) 그 인격이 재창조되는 것이다."[8]

---

8) ミルトン・メイヤロフ(Milton Mayeroff), 《ケアの本質~生きることの意味~》(돌봄의 본질~삶의 의미~), 田村真(타무라 마코토), 向野宣之訳(무코노 노부유키) 옮김 (ゆみる出版, 2000).

제2장

함께하는 사람과의
유대관계

곁에서
함께하는 것

야마다 유코(山田優子) 씨는 72세로 치매 판정을 받고 남편과 둘이 살고 있었다. 집에서는 온종일 '도둑 맞은 (그렇게 믿었다) 것'을 찾아다닌다. 우리 요양원에서 파견된 요양보호사가 목욕을 도와주려 해도 싫어하고 화장실 갈 때도 도움을 거부하는 등 돌봄에 어려움이 있었다. 그리고 남편은 무엇보다도 유코 씨의 배회에 몹시 지칠 대로 지쳐 있었다.

유코 씨는 젊었을 때부터 운동을 좋아하는 사람으로 체력이 좋아 거뜬히 걸어서 돌아다닌다. 그런데 남편은 지병으로 천식과 요통이 있어 유코 씨를 따라다니는 것이 보통 힘든 일이 아니었다. 그래서 밤에 잘 때도 유코 씨의 손목과 자신의 손목을

끈으로 묶어 유코 씨의 배회에 바로 대응할 수 있도록 하고 있었다. 주간에만 시설에서 보내는 주간돌봄서비스를 받을 때도 유코 씨는 직원이 곁에 없으면 불안해하고 초조해한다.

어느 날, 우리 요양원의 주간돌봄서비스를 받는 다무라 우메(田村ウメ) 씨가 "어젯밤 이런저런 생각을 하느라 한숨도 못 잤어요"라며 침대에 누워 있었다. 나는 유코 씨와 함께 우메 씨 옆에 가서 손을 쓰다듬으며 "힘드셨겠네요. 푹 쉬세요"라고 말해주었다. 그리고 유코 씨에게는 "여기에 의자를 놔둘 테니 우메 씨를 좀 재워드리세요"라고 돌봄을 부탁했다.

나는 다른 용무가 있어 그 자리를 떠났다. 한참 후 내가 유코 씨의 상태를 보러 갔더니 유코 씨는 침대 옆에도 의자에도 없었다. 당황해서 침대에 가까이 가보니 놀랍게도 유코 씨는 우메 씨의 침대 안에 있었다. 유코 씨는 침대 안전가드를 넘어가 불면으로 힘들어하고 있는 우메 씨에게 바짝 붙어 함께 누워 자장가를 부르고 있었다. 우메 씨를 보니 유코 씨의 따뜻한 체온을 느끼며 안심한 듯 깊이 잠들어 있었다.

내가 생각했던 '힘들어하는 사람의 곁'이라는 것은 침대 옆이었지만, 유코 씨에게 '힘들어하는 사람의 곁'이라는 것은 더 가까이 '온기를 느낄 수 있는 거리'였던 것이다. 우메 씨의 아픔과 걱정을 나보다도 치매 환자인 유코 씨가 더 민감하게 헤아려 우메 씨의 고통을 덜어주기 위해 말 그대로 바로 곁에 있었다.

이 체험을 통해 돌봄이 필요한 상태가 되어도 사람에게는 풍부한 인간성이 있어야 한다는 것을 배웠다. 치매를 앓고 있는 분들은 아무것도 할 수 없는 것이 아니라 그 사람만 할 수 있는 역할이 분명히 있다. 이 세상에 필요하지 않은 사람은 없고 쓸데없는 병은 없다. 무의미한 시간도 시련도 없다는 것을 배웠다. 그리고 무엇보다 하나님은 그때의 유코 씨와 같은 분일 것이다.

하나님은 우리 곁에 유코 씨 이상으로 가까운 곳에 계셔서 아픔과 괴로움을 민감하게 헤아리시며 응답해 주신다. 게다가 '온기를 느낄 수 있는 거리'에서 인생의 동반자로서 함께하시며 모든 것을 합력하여 선을 이루시는 분이라는 것을 가르쳐주었다.

성경은 "나는 빛도 짓고 어둠도 창조하며"(사 45:7)라고 하였다. 하나님은 어둠을 빛으로 만들어 주신다. 희망의 빛, 내일의 빛. 하지만 한편으론 성경에는 하나님은 '어둠을(어둠도) 창조한다'라고도 쓰여 있다. '어둠'이라는 것은 마음을 어둡게 하는 것이다. 왜 사랑이신 '하나님'이 굳이 그런 시련을 만드시는 것일까. 예전의 나는 이해하지 못했다. 그럴 때 우에다 노리유키(上田紀行) 씨가 쓴 《かけがえのない人間》(무엇과도 바꿀 수 없는 소중한 인간)이라는 책을 만나게 되었다. 그 책에는 다음과 같은 말이 쓰여 있다.

"얼핏 부정적으로 보이는 좌절과 괴로움은 하나님이 당신을 위해 파놓은 구덩이이다. 그 구덩이에 빠져보면 자신이 보이고 인생이 보인다. 그 안에서 허우적대며 우리는 인생의 보물을 만나는 것이다."[9]

우리는 얼핏 부정적으로 보이는 것들, 좌절과 괴로움, 자신의 약함과 결점이라는 어두운 부분, 시련과 질병 등의 어둠을 안고 있을 때가 있다. 때론 하나님은 일부러 우리에게 구덩이라는 어둠을 만들어 빠뜨리신다. 그 어둠의 구덩이에 들어가 번민하면서 빛을 발견하고 또 인생의 보물을 만나고 그리고 최후에 어둠 속에서 하나님이라는 빛을 만나게 하시려고.

치매의 근본적인 치료 방법은 아직 발견하지 못했다. 하루라도 빨리 치료할 수 있었으면 좋겠다. 그러나 만약 이 병도 하나님이 일부러 만드신 구덩이라면 거기에는 절망만으로 끝나는 일 없이 흑암 속에서 반짝이는 빛이 분명 있을 것이다.

나 자신도 청년 때 희망도 없이 빛도 없이 암흑의 어둠만이 있는 생활을 하고 있었다. 학교 공부도 못하고 이렇다 할 특기도 없이 "내 깊은 마음을 이해해주는 사람은 아무도 없어"라는 견디기 어려운 마음에 '불량청소년'으로서 나날을 보냈다.

그 어둠 속에서 주 예수 그리스도가 나와 함께하신다는 것을 어느 성경 말씀을 통해 알게 되었을 때 인생이 변화되었다.

---

9) 上田紀行(우에다 노리유키), 《かけがえのない人間》(무엇과도 바꿀 수 없는 소중한 인간), (講談社現代新書, 2008).

그 말씀은 절벽에서 몸을 던져 무리를 떠나 길 잃은 한 마리의 양을 목숨 걸고 구하려 하는 장면이었다.

"너희 중에 어떤 사람이 양 백 마리가 있는데 그중의 하나를 잃으면 아흔아홉 마리를 들에 두고 그 잃은 것을 찾아내기까지 찾아다니지 아니하겠느냐 또 찾아낸즉 즐거워 어깨에 메고 집에 와서 그 벗과 이웃을 불러 모으고 말하되 나와 함께 즐기자 나의 잃은 양을 찾아내었노라 하리라"(눅 15:4-6).

이 구절을 읽고 내 안에서 변화가 일어났다. 사회의 무리에서 쫓겨나 마음에 상처를 입고 추위에 떨고 있던 나를 예수님은 목숨을 걸고 찾아내어 어떤 조건도 없이 온몸으로 끌어안고 따뜻하게 녹여주셨다. 나는 그 온기를 느끼고 예수님의 사랑을 알게 되었다. 그리고 동시에 세상의 빛이신 예수님을 그대로 받아들일 수 있었다.

나는 이 경험을 통해 진심으로 확신한다. 어떠한 절망의 어둠 속에서도 빛은 반드시 있다. 어둠만이 존재하는 세계는 없다. 어둠이 칠흑같이 어두우면 어두울수록 빛은 빛나게 마련이다. 예전에 내가 어둠 속에서 괴로워하고 있을 때 빛이신 예수님을 발견하고 그곳에서 따뜻함을 얻었기에 지금이 있는 것이다.

작고 약한 내가 어둠 속에서 빛이신 예수님을 만난 것같이 지금 고뇌와 비탄함의 어둠 속에 잠겨 있는 당신에게도 성경을 통해 예수님께 얼굴을 향하면 빛은 반드시 비칠 것이다. 밝음이 찾아오지 않는 밤은 없다.

'인간'을 그리스어로 '안드로포스'(άνθρωπος)라고 한다. '얼굴을 들어 보다'라는 말에서 유래되었다고 한다. 어둠의 밑이 아닌 하늘을 우러르고 하나님을 올려다봄으로써 인간이 되는 것이다.

우리는 '생로병사'를 피할 수 없으며, 계속 괴로워하며 번민하는 존재이다. 그것은 하나님이 만드신 구덩이일지도 모른다. 그러한 와중에도 유코 씨가 예수님을 보여준 것과 같이 '온기를 느낄 수 있는 거리'에서 고통을 감수하고 들어 주시는 분, 고통을 함께 견뎌 주시는 분이 있다면 얼마나 큰 힘이 되고 또 안심될까. 유코 씨가 우메 씨 옆에 붙어서 자는 모습은 그것을 너무 이해하기 쉽게 표현해주는 것 같다.

약속은
지키려고

고바야시 하루오(小林春雄) 씨는 74세 요개호 2단계로, 기초생활수급자이며 작은 아파트에 혼자 살고 있었다. 과도한 음주로 인해 간경화를 비롯하여 고혈압, 당뇨병, 뇌경색, 백내장을 앓고 있어 입원한 상태였다. 입원한 곳의 복지전문가로부터 하루오 씨의 재택지원을 의뢰받아 담당하게 되었다. 퇴원한 하루오 씨의 자택에 찾아갔더니 방에는 냉장고, 냄비, 의자 등의 가재도구나 전자제품은 없고, 가스는 끊어져 몇 장의 의류와 800엔의 현금, 소량의 쌀밖에 없었다.

"당장 어떻게 살아가려고 하세요"라고 내가 물었더니 "어떻게 되겠지"라며 속 편한 말을 했다. 물론 어떤 대책을 세우려는 의지도 없었다. 나는 하루오 씨와 이야기를 나누고 요양보험으로 환자용 침대와 휠체어, 재택요양과 통원요양 서비스를 준비하면서 하루오 씨의 생활을 지원해 가기로 했다.

다음 날 저녁 처음으로 요양보호사와 함께 하루오 씨의 집을 찾아갔더니 모습이 보이지 않았다. 몸이 아파서 또 입원한 건 아닌지, 어디에 쓰러져 있는 건 아닌가 걱정이 되어 주변을 살피고 있자니 술 냄새를 풍기며 택시에서 내려 위풍당당하게 들어왔다.

그날은 기초수급비가 나오는 날로, 한 달 치 돈을 술집에서 모두 탕진하고 온 것이다. 그날부터 얽힌 하루오 씨의 생활은 엉망이었다. 돈이 없어 기저귀를 못 샀고, 침대나 의류는 대소변으로 범벅이 되고, 세탁은 세탁기가 없어 손빨래를 해야 했고, 예정 방문서비스 시간에 자택에 없는 날이 계속되었다. 그런 날들이 계속되면서 결국에는 통원요양서비스의 본인 부담분은 몇 개월이나 지불하지 않고 호텔에서 무전 숙박하고 은행이나 가게에서 돈을 흘렸다고 변명을 늘어놓았다. 그러자 여러 곳에서 점차로 하루오 씨를 밀어내는 분위기가 되었다. 하루오 씨를 돌보는 사람들이 모이는 요양 담당자 회의에서는 하루오 씨의 현저한 불신행위로 인해 더 이상 요양서비스를 계속할 수 없다고 하여 본인에게 설명하고 종료해야 한다는 의견까지 나왔다.

어느 날 하루오 씨는 실금하여 더러워진 모습으로 우리 요양원의 주간돌봄서비스에 찾아왔다. 나는 목욕을 권하고 돌봄을 담당하게 되었다. 하루오 씨의 제멋대로 사는 삶에 곤혹스러우면서도 파탄에 빠진 생활을 개선하고 인간으로서 삶의 기쁨을 누렸으면 하는 바람으로 욕조에 들어가 있는 하루오 씨와 마주했다. 그리고 말을 걸었다.

"하루오 씨, 난 당신을 믿었어요. 저는 당신의 염치없는 태도가 정말 유감스러워요. 저는 당신이 조금이나마 안정된 삶을 살고 당신에게만 주어진 훌륭한 삶을 찾았으면 합니다. 하지만 당신은 거기에 부응하고 있다는 생각이 안 들어요. 난 당신을 같은 인간의 한 사람으로서 믿고 싶어요. 같은 인간으로서 대화하고 싶어요."

하루오 씨는 욕조에 몸을 담그면서 잠시 먼 곳을 응시하며 침묵했다. 그리고 한마디를 던졌다.

"그렇군. 이런 나를 한 인간으로서 신뢰하려고 했구먼. …미안하게 됐네."

거기서 조금씩 자신의 살아온 반생을 이야기하기 시작했다. 아버지가 주정뱅이로 어릴 적에 부모님이 이혼하신 일, 편모가정에서 가난하게 살았던 일, 어머니에게 폭력을 당한 일, 삐뚤어져서 중학교밖에 나오지 않은 일, 그 후 경호원으로 이름을 날린 일, 그 무용담, 형무소에 몇 번이나 들어간 일, 건강을 소홀히 해 병을 얻은 일, 자신이 한심하다는 것, 자신을 지우고 싶다는 것, 그리고 그런 생활에서 벗어나고 싶지만 방법이 없다는 것 등 이야기는 계속되었다.

하루오 씨의 안 좋은 문제점에만 집중하느라 그가 많은 아픔을 안고서도 현실을 극복하고 보다 나은 생활을 모색할 의지가 있음을 알려고도 하지 않았던 나 자신을 반성했다.

목욕 후, 하루오 씨는 "다음에 기초생활수급비가 들어온 날 반드시 돈을 가지고 오겠습니다"라고 말했다.

약속한 날에 하루오 씨는 오지 않았다. 그러나 다음 날 하루오 씨는 분명히 갚아야 할 돈 일부를 가지고 찾아왔다.

"죄송합니다. 적은 액수지만 약속은 지키려고요…."

문득 밖을 보니 비가 그치고 구름 사이로 빛이 비치고 있었다. 아직 갈 길이 멀지 모른다. 하지만 하루오 씨 안에서 뭔가 움직이기 시작하는 것 같았다.

커뮤니티(공동체)에서 배제되고 공생하는 법을 잃어버린 사람에게 무작정 '자립'을 재촉한다 한들 자기 혼자 힘으로는 자립할 수 없다. 자립은 더불어 사는 공동체 안에서 친구와 같은 사랑인 '우애'를 통해 비로소 실현된다. 우애는 영어로 'brotherhood'라고 하며, 싫으면 헤어지는 단순한 'friend'가 아니라 설사 배신당하더라도 형제자매처럼 언제까지나 버리지 않고 같이 따라가는 연결고리다.

우애는 곤란에 빠진 사람이 혼자서는 감당할 수 없는 괴로움을 함께 짊어지고 사는 '사랑'이다. 그 유대감을 통해 돌봄을 필요로 하는 사람은 자신의 존엄성을 회복하고, 공동체 안에서 더 나은 생활(well-being)을 실현하며, 미래를 향해 살아가고자 하는 의지가 생겨나고, 자립하는 것을 배울 수 있다고 생각한다.

하루오 씨와 같이 여러 가지 상황에 놓여 있어 광명이 없고, 희망하면 할수록 절망이 늘고, 기대할수록 실망도 커지고, 무엇을 해도 잘 안 되며, 그런 경험이 쌓여가며 삶을 포기하고 내던지고 불행의 희생자로서 머물게 되는 일이 생길지 모른다.

나도 청년 때 부랑자가 되어 수준 낮은 고등학교를 겨우 졸업하고 일도 지속하지 못하고 꿈도 희망도 없이 절망하며 보냈다. 하루오 씨와 같이 희망하면 할수록 절망이 늘고, 기대하면 기대할수록 실망스러운 상황이었다. 무엇을 해도 되는 일이 없다는 것을 알게 될 뿐이었다. 삶을 내던져 포기하고 스스로를 불행의 희생자로 만들고 있었다. 그럴 때 나에게 기대와 신뢰를 주시는 분이 계셨다. 그 신뢰가 있었기에 지금의 내가 있는 것이다.

제대로 되는 일 하나 없던 마음을 알아주고 받아주는 누군가를 발견하고 그 생각을 그 사람과 함께 키워감으로써 인간성을 회복할 수 있다. 사람은 누구라도 언제나 변할 수 있다. 어린이든 고령자든 촉법자든, 나이나 능력, 성별, 과거에 상관없이 사람은 변할 수 있다. 그게 삶이 아닐까?

> "여호와의 말씀이니라 너희를 향한 나의 생각을 내가 아나니 평안이요 재앙이 아니니라 너희에게 미래와 희망을 주는 것이니라 너희가 내게 부르짖으며 내게 와서 기도하면 내가 너희들의 기도를 들을 것이요 너희가 온 마음으로 나를 구하면 나를 찾을 것이요 나를 만나리라 이것은 여호와의 말씀이니라 나는 너희들을 만날 것이며 너희를 포로 된 중에서 다시 돌아오게 하되 내가 쫓아 보내었던 나라들과 모든 곳에서 모아 사로잡혀 떠났던 그곳으로 돌아오게 하리라 이것은 여호와의 말씀이니라"(렘 29:11-14)

한 사람 한 사람의 소리 없는 목소리가 칠흑같이 공허하게 울리는 것만 같아도, 반드시 하나님은 당신의 외침을, 기도를, 중얼거림을 듣고 계신다고 나는 체험을 통해 믿고 있다.

왜냐하면 그리스도(하나님)는 우리를 부르고 계시며(요 15:14), 인간의 죄를 대신하여 십자가에 못 박히시는 우애(brotherhood)를 목숨 걸고 보여주셨기 때문이다.

만약 당신 주위에 예전의 나와 하루오 씨와 같이 절망 속에서 살아가는 사람이 있다면 당신이 '친구'가 되어 주었으면 좋겠다.

편히 쉴 수 있는
장소로

다카타 요코(高田洋子) 씨는 84세로 요개호 2단계이다. 기초생활수급자로 좁디좁은 아파트에서 혼자 살고 있다. 어머니가 어렸을 때 돌아가셔서 어머니의 얼굴을 모른다. 스무 살쯤에 도쿄로 와서 결혼을 했지만 32세 때 남편을 병으로 잃고, 그 후 두 명의 자녀를 키우기 위해 아침부터 밤까지 일했다.

그런 요코 씨가 7년 전, 뇌경색으로 왼쪽 반신불수가 되었다. 거기다 고혈압, 심장병, 신장병을 앓고, 시력도 나빠졌다. 하지만 "마지막까지 집에서 보내고 싶어"라며 우리 요양원의 재택돌봄 서비스를 주 3회 이용하게 되었다.

시간이 지나면서 다리가 붓기 시작했다. 발은 나날이 보라색으로 변색되고 발끝에 심한 통증이 이어졌다. 침대에서 일어나지 못하고 요양보호사가 오지 않을 때는 식사도 누운 채로 하고 화장실도 가지 못하고 참을 때까지 참다 기저귀에 배뇨와 배변을 해야만 했다. 언제 끝날지 모르는 고통에 잠을 이루지 못하는 나날이 이어졌다.

주치의의 소개로 대학병원에서 검사를 받았는데, 요코 씨의 다리는 말초혈류장애로 발끝의 괴사가 진행되어, 시급하게 발을 절단하지 않으면 생명에 지장이 있을 것이라는 진단을 받았다.

집으로 돌아온 요코 씨는 "누가 무슨 말을 해도 절대로 다리는 안 자를 거야. 자를 거면 차라리 죽는 게 더 나아"라며 울면서 천장을 올려다보았다. 나는 몇 번이나 요코 씨의 방을 방문하고 "왜죠?"라고 그녀에게 물었다.

"내 인생은 고생과 비참한 생활의 연속이었어. 기초생활수급자로 애들은 행방불명되고, 혈혈단신 외톨이로 살았어. 사회 한켠에서 가난에 찌들어 웅크리고 살았는데, 거기다 발까지 자르고 더 불쌍한 모습으로 몸을 사리고 수모당할 것을 생각하니 이제 진절머리가 나. 더 비참해지느니 차라리 이대로 죽는 편이 낫다고!"

절망에 빠진 요코 씨의 의지는 매우 완고했다. 나는 몇 번이나 요코 씨를 찾아가 이야기를 들으면서 수술 후 요코 씨의 고뇌에 찬 삶이 겹쳐져 여러 생각이 들었다.

다리를 절단하면 이동할 때 휠체어를 타야 하고, 누군가의 손을 의지할 때마다 "죄송해요", "미안합니다"라고 하며 지금 이상으로 신경을 써야 한다. 다리를 잃은 모습을 보이기 싫다는 그녀의 강한 비탄을 들으면 들을수록 그 심정이 마음 아플 정도로 이해가 되었다.

그러는 가운데 요코 씨의 마음은 요동치듯 흔들렸다.

"이 아파트 방안에 있으면, 다리를 잘랐다고 하더라도 세간의 시선은 신경 쓰지 않아도 괜찮아. 요양보호사에게 와달라고 해서 할 수 없는 청소와 세탁도 해 달라고 하지 뭐. 괴로울 때는 친구가 되어 이야기를 들어 주니까. 내 속마음도 힘든 것도 털어놓을 수 있고, 가치관과 인생관 등도 존중해 주니까 누워서 못 일어나도 요양보호사의 도움을 받으면 나답게 살 수 있지 않을까."

며칠 뒤, 요코 씨는 나에게 중대한 결단을 고백했다.

"다리를 자를게요. 모두의 도움을 받아서 해보고 싶어요."

사람이 사람답게 살아가기 위해서는 스스로 자부심을 느끼고 자신이 소중히 여기는 생활이나 가치관을 유지하며, 자신다움을 계속 유지할 수 있는 '장소'가 필요하다. 특히 돌봄을 받는 사람의 경우 그 사람의 생각을 이루어줄 수 있는 사람이 없으면 자신답게 살아가기가 어렵다는 것을 요코 씨를 통해 새롭게 배웠다.

우리 삶에도 크고 작은 여러 가지 시련이 찾아온다. 생각하지도 못했던 고난에 부딪혀 모든 일상이 멈춰 버리는 일도 있을 것이다. 특히 나이 들어가는 과정에서 병에 걸리기도 하고 돌봄이 필요하게 될지도 모른다. 그럴 때 자신을 소중하게 여길 수 없거나 하고 싶은 일을 할 수 없게 되기도 한다. 다른 사람에게는 작은 꿈과 희망이 있어 보일지 몰라도 본인에게는 그것이 끊어지면 살아갈 힘을 잃어버리거나 인생의 의미를 상실하게 되는 일도 있다.

특히 늙는다는 것은 그러한 소중한 것을 가을의 나뭇잎처럼 떨궈버려야 하는 상실의 과정이다. 그 과정에서 요코 씨와 같이 "더 이상 비참해지고 싶지 않아", "살아 있어도 좋을 게 없어", "죽는 편이 나아" 하고 인생을 통째로 던져버리는 일도 적지 않다.

하지만 요코 씨가 깨닫게 된 것과 같이 "혼자가 아니야"라고 말해 주고 곁에 있어 주는 사람이 있고, 편히 쉴 수 있는 장소가 있다면 어떨까? 있는 그대로를 인정해 주는 장소가 있다면 어떨까? 어떠한 시련이 밀려와도 삶의 토대가 흔들린다고 해도 살아가는 데 희망이 주어지고 도망치지 않을 에너지가 솟아날 것이다. 이 세상에 사람이 견딜 수 없는 절망은 없다고 성경에 기록되어 있다.

"사람이 감당할 시험밖에는 너희가 당한 것이 없나니 오직 하나님은 미쁘사 너희가 감당하지 못할 시험당함을 허락하지 아니하시고 시험당할 즈음에 또한 피할 길을 내사 너희로 능히 감당하게 하시느니라"(고전 10:13).

고통을 받는 사람이 나약함을 토로할 수 있는 장소, 슬픔을 안고 있는 사람이 슬픈 마음을 조롱당하지 않는 장소, 마음에 상처를 입은 사람을 따뜻하게 받아 줄 장소, 희망을 잃은 사람이 안심하고 쉴 수 있는 장소가 있다면, 비록 현실은 변하지 않고 여전히 역경 속에 있어도 용기와 희망, 살아갈 힘과 새로운 시점이 생겨날 것이다. 그러한 가정이, 사회가, 그리고 교회가 되기를 간절히 바란다.

답을 찾을 수 없는
물음 앞에서

　　　　　하야마 이치로(葉山一郎) 씨는 60대 남성 요개호 2단계로 혼자 살고 있다. 30세에 결혼해서 두 명의 자녀를 두었지만, 가정을 소홀히 한 탓에 아내와의 사이가 나빠져 이혼했다. 그 후 토건업과 신문 배달 등 여러 일을 전전긍긍하며 살았다. 그리고 10여 년 전부터 파킨슨병의 증상이 나타나 일을 할 수 없게 되었다. 결국 수입이 없어 기초생활수급자가 되었고, 햇볕이 들지 않는 방으로 이사했을 때 우리 요양원과 만나게 된 것이다.

　요양보험을 이용할 당시 아무도 도와줄 사람이 없는 고립무원으로 사회와의 접점이 없었던 이치로 씨는 "정말 싫다니까"

"꼼짝하기 싫어"라며 다 포기하고 목욕도 식사도 옷 갈아입는 것도 귀찮아했다. 어떻게 하면 이치로 씨가 스스로 '살고 싶다'는 생각을 할 수 있을까? 그것이 우리 직원들의 큰 과제였다.

그러던 어느 날 이치로 씨가 건강이 악화되어 교외의 종합병원에 입원 요양하게 되었다. 나는 며칠 후 병실을 방문했다. 그곳에서 이치로 씨는 이제 스스로 화장실도 갈 수 없도록 겹겹이 기저귀가 채워져서 누워 있었다.

"소변이 스며들어 아래가 꿉꿉해."

이치로 씨는 화장실에 가고 싶지만 병원 사정으로 어쩔 수 없이 기저귀에 소변을 볼 수밖에 없었다. 게다가 옷은 혼자 벗지 못하도록 상·하의가 연결되었고, 옆에는 침대에 몸을 묶는 튼튼한 끈이 널브러져 있었다. 침대 시트 밑에는 혼자 마음대로 침대에서 나갈 수 없게 배회 방지용 벨이 달린 매트가 깔려 있어 침대에서 나올 자유조차 없이 묶여 있었다. 간호사 호출 벨은 선이 빠져 있어 간호사를 부르는 것조차 허용되지 않는 상황이었다. 이치로 씨의 목소리는 가냘파져서 거의 알아들을 수가 없었다. 약 기운 탓인지 아무 표정이 없이 눈은 떴다가 금세 감아버린다. 모든 것이 억눌려 있었다.

병원의 요양보조원은 모든 자유를 억압하고, 침대에 묶인 이치로 씨가 보는 앞에서 해서는 안 될 말을 했다.

"이분은 이제 끝이에요. 우리 말은 전혀 들으려 하지 않고 아무 의욕이 없어요."

이치로 씨는 감옥 같은 병실에서 모두에게 버림받고 점점 기력을 잃어가고 곧 사라질 것 같은 작은 존재가 되어 갔다. 입원 전에도 이치로 씨는 무연고, 무직, 무학, 병약, 기초생활수급자였으며 더러운 옷차림과 몸의 악취로 사람들로부터 결코 환영받지 못하는 존재였다. 그러다 병원에 입원하면서 아무런 가치도 없는 고깃덩어리로 전락해버린 것이다.

"이치로 씨를 뭘로 보는 거야. 사람을 무시해도 분수가 있지. 그의 인생을 돌려놔!"

이치로 씨의 끔찍한 모습을 직시하며 병원을 향해 호통치고 싶은 충동을 억누르는 것이 고작 내가 할 수 있는 일이었다. 분노와 슬픔에 마음이 찢어지는 것 같았다. 한편으로 이치로 씨에게 아무것도 해주지 못하는 나의 무력함을 느꼈다. 분노와 슬픔과 무력감에 빠진 나는 침대 곁에 서 있는 것 외에 달리 좋은 방법을 찾지 못했다.

나는 침대에 누워 있는 이치로 씨를 바라보며 떨고 있는 싸늘한 손을 잡았다. 사회의 한켠에서 금방이라도 꺼져버릴 듯한 차디찬 이치로 씨의 마음을 느꼈다.

"이치로 씨, 알겠어요? 제 온기가 전해지나요? 당신을 향한

제 마음."

이치로 씨는 가면을 쓴 것 같은 얼굴을 움찔거리며 초점 없던 눈을 붉히며 몸을 떨었다. 그리고 천천히 불편한 왼팔을 움직여 흐르는 자신의 눈물을 닦았다.

"당신은 혼자가 아니에요. 앞으로도 함께 살아요."

내가 이치로 씨의 손을 다시 힘주어 잡자 이치로 씨는 내 손을 힘차게 움켜쥐었다. 내가 한 번 더 손을 세차게 잡아주자 이치로 씨의 눈에서 하염없이 눈물이 쏟아져 내렸다. 나는 양손으로 그의 손을 감싸주었다.

이치로 씨는 나를 바라보며 또렷한 음성으로 대답해 주었다.

"고마워요. 힘내 볼게요."

이치로 씨의 떨리는 손에서 조금씩 온기를 되찾는 그의 마음이 느껴졌다.

이치로 씨와 소통하는 가운데 나는 한 성경 구절이 생각났다.

"삼가 이 작은 자 중의 하나도 업신여기지 말라 너희에게 말하노니 그들의 천사들이 하늘에서 하늘에 계신 내 아버지의 얼굴을 항상 뵈옵느니라 (없음) 너희 생각에는 어떠하냐 만일 어떤 사람이 양 백 마리가 있는데 그중의 하나가 길을 잃었으면 그 아흔아홉 마리를 산에 두고 가서 길 잃은 양을 찾지 않겠느냐 진실로 너희에게 이르노니 만일 찾으면 길을 잃지 아니한 아흔아홉 마리보다 이것을 더 기뻐하리라 이와 같이 이 작은 자 중의 하나라도 잃는 것은 하늘에 계신 너희 아버지의 뜻이 아니니라"
(마 18:10-14).

이 성경 구절을 그린 그림이 있다. 예수님이 목숨을 걸고 절벽에 몸을 지탱하고 서서 한 마리의 길 잃은 양에게 손을 내밀고 있는 그림이다. 단 한 마리의 길 잃은 양을 위해 다른 99마리의 양을 안전한 곳에 두고 생명의 위험을 감수하면서까지 계속 찾아 헤매는 예수님의 모습이다. 그것은 바로 유일무이의 소중한 생명을 한 마리라도 잃지 않으려는 한없는 예수님의 깊은 사랑의 표현인 것이다.

예수님은 길 잃은 양에게 책임을 묻지 않고 질책도 하지 않으시고 또 훈계도 하지 않았다. 길 잃은 양을 마음 아파하시고 다리가 아프도록 찾아 헤매 발견한 것을 무조건 기뻐하시고 소중히 안고 무리에게 되돌려 보내셨다. 그리고 상처 난 곳을 치료해 주셨다.

성경에 의하면 하나님은 길 잃은 양이 어디에 있더라도 끊임없이 찾아다니고 찾을 때까지 멈추지 않으신다. 예를 들어, 사회의 한쪽 구석에 버려져 웅크리고 있을지라도, 어려운 문제에 부딪혀 헤매고 있을지라도, 험한 길을 헤매는 우리를 보고 마음 아파하시고 기력을 잃고 쓰러져 있는 우리를 그냥 지나치지 않고 발견하여 기뻐하며 곁에서 함께하신다. 결코 우리를 버리시는 일이 없다.

하나님의 아들인 예수님은 우리에게 구원의 손길을 내밀고 길을 잃고 헤매는 우리를 발견하여 기뻐하며 껴안고 축복하기 위해 '오셨다'는 것이다. 예수님은 우리 대신 십자가에 못 박혀 피 흘리시고 살을 찢기시는 구체적 행동을 통해 우리를 사랑하고 구원하시려고 역사적으로 나타나신 것이다. 극심한 고통을 견디며 우리를 위해 생명을 던지셨다. '우리' 안에는 이치로 씨와 나, 그리고 당신도 물론 포함된다. 하나님은 모든 사람에게 따뜻한 구원의 손길을 내밀고 계신다.

가령 우리의 희망이 사라졌다 해도, 아주 작은 소망조차 다 버렸다고 해도, 우리에게서 행복이 지나쳐 가도, 우리가 흘린 눈물방울이 뺨을 타고 흘러 떨어진 곳에 반드시 하나님의 손길이 있다. 나는 이치로 씨와 함께 그러한 하나님의 사랑에 매달릴 수밖에 없었다.

괴로운 현실의 삶에서 벗어나기 위한 해답이 없을지도 모른다. 다만 고민하고 괴로워하고 시행착오를 겪으면서 끊임없이 변해가는 것이다. 어디로 떨어져 흘러갈지 모른다. 하지만 끊임없이 변하는 삶의 밑바닥에서 소소하지만 '함께해주는 사람'의 존재를 느낀다면 얼마나 위로가 될까.

가까이에 있는 사람이 자신을 사랑하고, 따뜻하게 감싸주고, 자신의 마음을 알아주려고 한다. 그 마음을 생각하면 어쩔 수 없는 칠흑 같은 삶이라도 견딜 수 있고 반드시 어둠이 걷히리라 생각할 수 있다.

"어떻게 해야 할지 모르겠다"고 절망하는 사람 곁에 서 있다면, 설령 답을 찾지 못하더라도 그 사람과 함께 걸어감으로써 그 사람 안에 작게나마 살아갈 힘이 생기고 그로 인해 그 사람은 계속 살아갈 수 있는 것이다. 그러니 그 손을 놔버리면 안 된다. 주위에 있는 사람의 손과 눈길과 온기를 통해 언젠가 그 사람이 영원한 하나님의 손과 이어질 날을 기다리면서 말이다. 나는 오늘도 또 고독과 고통을 겪고 있는 사람들 곁에서 해결되지 않는 불완전함을 마주하고 공유하며 함께 견뎌 나간다.

부녀의
약속

　　　　　　오노 노부오(小野信夫) 씨는 82세로 부인과 딸 가족과 함께 살고 있다. 노부오 씨는 전후 일본의 부흥을 지탱한 게이힌 공업지대(京浜工業地帶: 도쿄·가와사키·요코하마를 중심으로 하는 일본 최대의 공업지대)의 중소 공장이 늘어선 지역에 살고 있었다. 맨손으로 자동차 부품을 만드는 자신의 공장을 일으키고, 40년간 기술자로서 살아왔다. 낮에는 계단 밑에서 일하고 밤에는 2층에서 생활하면서 "언제나 세상에 아첨하지 않고 나름의 인생을 살아왔다"고 자부하였다.

　　그러던 어느 여름날 노부오 씨의 몸에 이상이 생겼다. 복통이 계속되어 병원에서 진찰을 받은 결과 직장암이었으며 암이

임파선에도 전이되었다는 진단을 받았다. 의사를 싫어하는 노부오 씨는 그 후로 병원에도 가지 않고 약국에서 진통제를 사서 복용하며 참고 견디면서 일을 계속하고 있었다. 그러나 진단을 받고 7개월 후, 결국 움직일 수 없게 되어 의사와 간호사에게 연락해 왕진을 부탁했다. 입원을 권유하는 의사에게 노부오 씨는 이렇게 말했다.

"병원은 절대 안 간다니까. 모두 여기서 나가요."

하지만 의사는 직업상 "아, 그래요? 그럼 좋으실 대로 하세요"라고 할 수는 없다. "암 말기여서 당장 치료해야 합니다"라며 억지로 입원을 시켰다.

그런데 입원 후 노부오 씨와 가족을 기다린 것은 앞으로 2주 정도라는 시한부 선고였다.

일주일 후 노부오 씨는 무단으로 병원에서 빠져나와 기다시피 해서 집에 돌아왔다. 의사와 간호사, 가족들은 병원으로 돌아갈 것을 설득했지만 완강히 거부했다.

"나는 계속 이 집에 있을 거야. 죽어도 병원엔 다시 안 가."

그렇게 선언하고 자기 방에 틀어박혀 나오지 않았다. 소위 고립무원이었다. 가족들이 도와주려고 하면 물어뜯고 꼬집고 저항했다. 식사 외에는 접촉을 꺼려 곤경에 빠진 가족이 우리 요양원에 돌봄을 의뢰해 왔다.

내가 방문하자 노부오 씨는 어두컴컴한 방에서 이불 위에 누워 있었다. 목욕을 하지 않아 나는 심한 냄새와 화장실에 가지 못해 생긴 배설물의 악취가 코를 찔렀다. 노부오 씨에게 다가가자 "병간호 따윈 필요 없어. 의사랑 간호사는 죽기보다 싫으니까 빨리 가"라며 돌아 누워버렸다. 그 분노에 찬 말투에 나는 더 말을 할 수가 없었다.

나는 마음속으로 중얼거렸다.

'노부오 씨의 몸이 수척해서 이대로 영양이나 수분이 부족해지면 위험할 텐데. 욕창으로 아프거나 또 일어나고 앉기가 불편하니까 의료용 침대가 필요할 거야. 목욕을 안 한 지 며칠이나 됐고, 소변과 대변이 새서 깨끗이 잘 닦아야 하고, 그리고 기저귀가 더러우니 갈아야 하는데…. 무엇보다 말기 암에 대한 의료적 처치는 필요 없을까?'

아무튼, 노부오 씨에게 필요한 돌봄이 산더미 같았다. 가족이 "최소한으로 해달라"고 의뢰한 화장실 케어와 기저귀 교환, 그리고 깨끗이 씻기기를 하기 위해 저녁 무렵 요양 도우미와 함께 방에 들어갔다.

방안에는 변 냄새가 진동했고, 노부오 씨의 얼굴은 온통 더러워져 있었다. 가족의 곤혹스러움도 이해할 수 있었다. 나는 눈을 감은 채 돌봄을 거부하고 있는 노부오 씨에게 인사말을 건네며 기저귀 교환과 화장실 케어를 친절하게 권유했다. 방 한쪽에서 부인과 딸을 비롯한 가족이 총출동하여 이 상황을 지켜보고 있었다. 등 뒤의 엄청난 압박을 느끼면서 노부오 씨를 계속 설득했지만 그는 완강히 거부했다. 분노를 표출해 결국 철수할 수밖에 없었다. 노부오 씨는 입원을 강행한 의사나 가족, 그로 인해 필요해진 돌봄에 대해 극도의 불신감을 가지고 있는 것 같았다.

한편, 어쩔 수 없는 상태에 초조해진 가족들로부터 "당신들은 프로니까 강제로라도 했으면 좋겠다"고 재차 의뢰가 왔다.

그러나 노부오 씨의 거부반응이 너무 강한 탓에 짐작 가는 이유가 있는지 가족에게 물어보니 오랫동안 일하면서 생긴 경험에서 온 것이 아닌가 하는 생각이 든다고 했다. 노부오 씨는 사업상 몇 번이나 사람에게 속아 가족을 힘들게 한 적이 있다는 것이다. 계속된 실망과 자기 혐오와 쓰라린 경험을 통해 사람을 믿지 않고 지금까지 살아왔다고 했다. 나는 처음으로 노부오 씨의 과거의 괴로움과 그의 인생관을 알게 되었다.

"지금 우선 무엇보다도 필요한 돌봄은 노부오 씨와 신뢰관계를 구축하는 것"이라 판단한 나는 억지로 돌봄을 강요하기보다 노부오 씨 자신의 '의지와 희망'을 실현함으로써 관계성을 만들어 가는 것이 중요하다고 생각했다. 그리고 가능하면 인간으로 태어난 이상 남을 신뢰하는 기쁨을 그가 맛보길 바랐다.

나는 방으로 돌아가 등을 돌리고 있는 노부오 씨에게 새로운 마음가짐으로 이렇게 말했다.

"노부오 씨, 지금까지 죄송해요. 저는 이제부터 노부오 씨가 원하지 않는 것을 억지로 하지 않을게요. 노부오 씨가 해줬으면 하는 것과 또 생각하시는 걸 말씀해 주세요."

그는 한참을 침묵하다가 내 쪽으로 돌아누워 작게 끄덕였다. 나는 깊이 머리를 숙이고 방을 나왔다.

여생이 얼마 남지 않은 노부오 씨와 그 가족이 원수처럼 싸우다 이 세상에서 헤어지는 것은 서로에게 비극이다. 그래서 우선 가족분들과 이야기했다.

"여러분은 아버지가 죽으면 모든 게 끝이라고 생각하십니까? 저는 목사이기도 합니다. 제가 믿는 성경 말씀에 의하면 죽음은 끝이 아니라 영원한 시작입니다. 하나님은 죽은 후 모든 사람이 다시 만난다고 합니다. 이대로 아버지와 언쟁을 벌이고 사이가 나쁜 상태로 끝낼 건가요? 아니면, 저 세계에서 '아버지, 그때는 완고하셨지만 아버지의 마음도 존중했어요'라고 말하고, 아버지는 '내가 고약하게 굴어서 미안하다. 그런데 정말로 내 마음을 알아주어 고맙구나'라고 웃는 얼굴로 재회하는 것 중 어느 쪽을 선택하겠습니까?"

가족은 내 말에 퍼뜩 정신을 차린 듯했다. 그리고 처음으로 노부오 씨의 몸이 되어 생각하고, 또 천국을 생각한 듯했다. 그리고 마침내 "이대로 아버지답게 떠나게 해주고 싶어요"라고 대답했다.

다음 날 아침 노부오 씨의 딸이 그에게 고백했다.

"아빠, 그동안 죄송했어요. 아버지 마음을 몰라드려서. 아빠 마지막까지 마음껏 이 집에서 계세요. 나 정말 아빠 딸로 태어나 좋았어요. 죽어서도 아빠 딸이 되고 싶어요."

노부오 씨는 의식이 몽롱한 가운데 눈을 뜨고 이불 속에서 말없이 천천히 오른손을 내밀었다. 그리고 오른손 새끼손가락을 내밀어 딸의 새끼손가락에 자신의 손가락을 걸었다.

딸은 울면서 대답했다.

"이것으로 저세상에 가서도 다시 가족으로 행복하게 살 수 있어요. 편안하게 아버지답게 떠나실 수 있게 해드릴게요."

딸은 그렇게 마음속으로 결심했다.

그날 오후 노부오 씨는 요양보호사의 손길을 받아들였고 나의 존재도 받아들여 주었다.

가족들 모두는 각각 노부오 씨의 손을 잡고 상냥하게 말을 건넸다.

"감사해요."

"우리 또 부녀지간으로 만나요."

그리고 다음 날 아침 노부오 씨는 사랑하는 가족들의 배웅을 받으며 편안하게 여행을 떠났다. 처음 만났을 때의 분노가 사라진 그의 표정은 매우 평안한 모습이었다.

노부오 씨가 병원을 탈출해 목숨을 걸고 집에 돌아가고 싶어 했던 이유는 도대체 무엇이었을까? 사회의 세파에 시달려 쓰러질 것 같을 때, 고락을 함께해온 소중한 가족과 함께 마지막 시간을 보내고 싶었던 것을 아닐까? 그것이 무엇보다 자신에게 좋은 약이고 평안이라는 것을 노부오 씨는 누구보다 잘 알고 있었다.

하지만 버팀목이었던 존재의 죽음이 가까워져 오자 혼란스러워진 가족들은 노부오 씨가 정말 소중하게 여기는 것을 이해하지 못했다. 그것이 알력을 일으킨 것이다. 그렇지만 그것이 결코 나쁜 것은 아니다. 알력은 서로를 존중하는 작업을 시작하기 위한 통과의례다. 그렇게 시행착오를 거듭하는 가운데 상대방의 마음에 다가가 괴로움을 나누고 그 사람의 본질을 찾을 수 있는 여행이 시작된다. 통과의례를 거치고 곁에서 함께 걸어감으로써 그 사람의 생각과 삶을 지지해 주고, 인생의 최후를 완수하는 돌봄을 이룰 수 있다고 노부오 씨는 나에게 가르쳐 주었다.

우리에게는 목숨보다 소중하게 지켜나가고 싶은 가치관이 있다. 누구라도 이 가치관을 알아줬으면 좋겠고 인정하고 받아들여 줬으면 좋겠다. 그것을 이해하고 받아들이는 것을 '승인'이라고 한다. 사람은 다른 사람들로부터 승인을 받음으로써 자기답게 살아갈 힘이 생기는 것이다.

돌봄을 받는 사람과 그 가족 그리고 사회가 요구하는 돌봄은, 기력을 다한 노부오 씨와 같은 사람의 의복이나 기저귀를 벗겨 깨끗하게 하는 일일까? 그것은 매우 좁은 의미의 돌봄이다. 돌봄을 받는 사람의 마음을 지지해 주고, 그 사람이 인간답게 살아갈 수 있도록 지켜봐 주고, 삶의 마지막을 스스로 잘 마무리하도록 보조역할을 하는 것이 진정한 돌봄이다.

그렇기 때문에 가령 그 사람을 이해하기 어려워도 우리가 해야 할 소중한 역할은 그 사람 마음속에 있는 생각을 이해하고, 그 사람의 존재와 바람을 승인하는 것임을 잊어서는 안 된다.

"이 사람은 내 마음을 이해해 주는구나"라고 돌봄을 받는 사람이 실감할 때, 그다음에는 그 사람 자신이 상대방의 마음을 느끼게 된다. 그렇게 되면 안심하고 현재를 활기차게 살아갈 수 있다. 그 단계에 이르면 관련된 가족의 생활도 평온해지고 동일한 희망으로 살아가게 된다. 그리고 영원을 생각하는 마음을 얻고 무엇과도 바꿀 수 없는 소중한 생명을 발견하게 된다.

"우리의 모든 환난 중에서 우리를 위로하사 우리로 하여금 하나님께 받는 위로로써 모든 환난 중에 있는 자들을 능히 위로하게 하시는 이시로다"(고후 1:4).

하나님의
마지막 질문

시모다 미쓰오(下田光夫) 씨는 86세로 요개호 3단계이며, 70대의 부인과 단둘이 살고 있다. 미쓰오 씨는 일찍이 전후 일본의 일익을 담당해 온 유능한 기업 전사였다. 75세에 위암 진단을 받고 위 대부분을 절제했다. 생명은 건졌지만, 일상생활을 하는 데 돌봄의 손길이 필요해 몇 년 전부터 우리 요양원의 재택돌봄서비스를 이용하게 되었다.

풍부한 교양과 독특한 개성을 지녔으며 프라이드가 아주 높은 사람이다. 기저귀 채우는 것을 완강히 거부하고, 가능한 한 화장실에서 볼일을 보고 싶다고 부인과 함께 노력하고 있었다. 그러나 날이 갈수록 체력이 저하되고 신체기능이 떨어져서 식사, 목욕,

옷 갈아입기 등 모든 일상생활에서 도움을 받지 않으면 안 되게 되었다. 그리고 결국에는 기저귀를 채워야 하는 날이 다가왔다.

"제기랄! 제기랄!"

어느 날 밤, 미쓰오 씨는 자기 방 침대 위에서 주먹을 움켜쥐고 고함을 질렀다. 그리고 큰소리로 울부짖으며 무너져내렸다. 부인은 낙담하는 미쓰오 씨의 모습에 아무 말도 할 수 없었다. 그녀는 그녀대로 이불 속에서 입술을 깨물고 미쓰오 씨에게 안 들리도록 숨죽여 울면서 흐느꼈다고 한다.

그 이야기를 들은 나도 무력한 자신을 받아들여야 하는 미쓰오 씨의 말로 다하지 못할 아픔을 지켜볼 수밖에 없었다.

며칠 후, 주치의로부터 가족들은 그에게 길어야 2주 정도의 시간이 남았다는 선고를 받았다. 나는 그 보고를 받고 자택을 방문했다. 내가 방문하자 미쓰오 씨는 "엉덩이가 아파"라고 욕창으로 인한 통증을 호소했다. 나는 미쓰오 씨를 휠체어에서 침대로 눕혔다. 엉덩이의 아픈 곳을 처치해주고 등쪽을 깨끗이 닦아주었다.

나는 몸과 마음이 부드러워진 미쓰오 씨와 이야기하면서 그가 어떻게 자신의 죽음을 받아들이고 있는지 짐작했다. 그리고 가져간 시화집을 펼쳐 들고 거기에 있는 시 한 편을 읽었다.

생명이 가장 소중하다고
생각하던 시절
사는 것이
힘들었다

생명보다 소중한 것이
있다는 것을 알게 된 날
살아 있는 것이 기뻤다

척추 손상으로 휠체어 생활을 하고 있는
호시노 도미히로(星野富弘) 씨의 시[10]

"생명보다 소중한 거라…." 미쓰오 씨는 그렇게 말하고 물끄러미 꽃 그림을 바라보며 뭔가를 생각하는 듯했다.

"미쓰오 씨에게 목숨보다 소중한 것은 뭔가요?"라는 나의 질문에 미쓰오 씨는 머리를 긁적이며 침묵했다. 침대 위쪽에서 부인도 몸을 비스듬히 기대고 듣고 있었다. 잠깐의 침묵 후에 나는 "잠깐 괜찮을까요?"라고 양해를 구하고, 머리를 긁적거리고 있는 미쓰오 씨의 왼손을 살며시 잡아 그 손을 부인의 손과 겹쳐 놓았다. 서로 겹쳐진 두 사람의 손, 어느샌가 그 두 손은 서로를 굳게 잡고 있었다.

---

10) 星野富弘(호시노 도미히로), 《鈴の鳴る道》(종이 울리는 길), (偕成社, 2006).

"미쓰오 씨, 당신의 목숨보다도 더 소중하지요?" 내가 묻자 미쓰오 씨는 잠시 말이 없다가 쑥스러워하면서 "그렇지, 뭐"라고 대답했다. 부인의 눈에서 눈물이 주르륵 흘렀다.

"부인께서는 목숨보다 소중한 것이 뭔가요?"

내가 묻자 부인은 미쓰오 씨를 바라보며 손을 꼭 잡고 대답했다.

"당신이에요."

나는 물었다.

"미쓰오 씨, 사람의 육체는 언젠가 없어져요. 미쓰오 씨는 자신의 생명이 앞으로 얼마나 남았다고 생각하세요?"

그러자 미쓰오 씨가 말했다.

"얼마 남지 않았어. 의사 선생님이 2주 정도라고 말씀하셨지."

나는 미쓰오 씨의 눈을 바라보며 이야기를 계속했다.

"비록 당신은 썩어져도 당신이 뿌린 씨앗이 가족 모두와 그리고 저를 비롯한 많은 사람 안에서 계속 피어날 거예요. 당신의 생명은 그 사람 속에 계속 살아 있을 거예요."

돌아가기 전에 미쓰오 씨가 말했다.

"그래, 목숨보다 더 소중한 것…. 담에 천천히 얘기합시다."

나는 집을 나오기 전에 부인에게 물었다.

"이 세상에서 미쓰오 씨와 지내는 것은 얼마 남지 않았을지도 모르지만, 저세상에서는 영원할 겁니다. 미쓰오 씨가 저세상에 안심하고 가실 수 있도록 괜찮으시다면 제가 힘이 되어 드릴 게요."

그러자 부인은 하늘을 올려다보고는 "감사해요"라며 다시 눈물을 글썽였다. 나는 미쓰오 씨의 집에서 사무실로 돌아가는 길에 두 분을 위해 기도했다.

이틀 뒤 미쓰오 씨는 숨을 거두었다. 부인은 미쓰오 씨의 죽음이 가까워지면서 체온이 내려가기 시작하자 "추우면 안 되는데"라며 뺨과 뺨을 마주대고 온기를 나누었다고 한다. 점차로 몸이 차가워지고 코에서 숨소리가 작아지고 호흡이 멈추고 조용히 평온하게 숨을 거두었다. 죽음의 문턱에서 부인은 미쓰오 씨의 귓가에 조용히 속삭였다.

"여보, 빨리 데리러 와 주세요."

부인은 미쓰오 씨의 유언 속에 적혀 있던 말을 기억하고 있었다.

"저세상에 가서도 우리 결혼하고 영원히 함께 삽시다."

사람에게는 평등하게 죽음이 찾아온다. 죽음은 모든 것을 빼앗는다. 일도, 가족도, 사랑하는 사람도, 행복도. 죽음 앞에서 우리는 아무것도 할 수 없고 무력하며 단지 힘없이 있을 수밖에 없고 어떻게 준비해야 할지조차 생각하기 어렵다.

그러나 미쓰오 씨는 몸소 죽음에 맞서는 법을 보여준 것 같다. 그는 죽음은 무의미한 것이 아니라 하나님이 모든 사람에게 평등하게 주신 마지막 은혜라는 것을 가르쳐주었다.

미쓰오 씨는 위암에 걸린 후 유언장을 썼다. 죽음을 자각했기 때문에 자신에게 정말 소중한 것이 무엇인지 생각할 수 있었다. 그것은 영원을 향한 첫걸음이었다. 만약에 죽음을 생각하지 않은 채 살았다면 아무 소용없는 것에 생명을 써버리고 쓸데없이 삶을 소진했을 것이다. 또 사후에 대한 아무런 희망도 없이 죽음을 맞이했을 것이다.

그러나 사랑하는 부인과 하나님이라는 사랑하는 존재와 연결됨으로써 새로운 세계가 열리고 혼자서 죽음과 대결하고 갈등하지 않아도 되고, 죽음 끝에 있는 '영원'이라는 고차원으로 인도될 것이라는 희망을 얻었음을 미쓰오 씨는 보여주었다. 죽음을 은혜로 바꾸기 위한 소중한 답 하나가 여기에 있다고 나에게 가르쳐 주었다.

> "참새 다섯 마리가 두 앗사리온에 팔리는 것이 아니냐 그러나
> 하나님 앞에는 그 하나도 잊어버리시는 바 되지 아니하는도다
> 너희에게는 심지어 머리털까지도 다 세신 바 되었나니 두려워하
> 지 말라 너희는 많은 참새보다 더 귀하니라"(눅 12:6-7).

우리 한 사람 한 사람의 생명이 덧없어 보이는 작은 것일지라도 하나님은 사랑하고 계신다. 성경에서 말하고 있듯이, 하나님

은 우리의 머리카락 한 올까지 알고 계신다. 이 크나큰 사랑이신 하나님의 품 안에 있는 것이다. 하나님의 사랑을 느끼면서 살 수 있는 것은 특권이며, 그것을 우리는 은혜라 부른다.

나는 여러분에게도 이 은혜가 임하길 바란다. 그런 이유로 우리는 돌봄을 필요로 하는 사람의 식사를 돕고, 몸을 닦고, 화장실 케어를 하며 삶을 지원하는 일에 종사하는 것이다.

그 하나하나의 돌봄에 애정을 가지고 대함으로써 우리들의 따뜻함이 전해져, 돌봄을 받는 분은 자신의 생명을 만들어 가고 그 생명을 사랑하시는 하나님과 마주할 수 있는 것이다.

그러한 생각을 토대로 한 돌봄은 돌봄을 받는 사람이 죽음을 향해 떠날 준비와 함께 영원한 평안을 찾게 한다. 미쓰오 씨가 긴 요양 생활 끝에 평온한 최후를 맞이할 수 있었던 것은 이와 같이 부부를 지탱해주는 요양사와 하나님이 함께했기 때문이라 생각한다.

미쓰오 씨는 죽음과 마주함으로써 하나님의 사랑을 알았고, 그리고 언젠가 다시 부인과 만날 것이란 영원한 희망을 가지게 되었다. 그렇기에 멋진 최후를 맞이할 수 있었다.

지금 이 세상에는 미쓰오 씨처럼 하나님의 마지막 질문인 죽음을 느끼면서도 영원에 대한 희망을 갖지 못한 채 생을 마감하는 사람들이 많다. 주위에 대답을 함께 찾아주는 사람이 없기 때문이다. 즉 '일꾼이 적다'(마 9:37)는 것이다. 일꾼의 중요성은 앞으로 점점 더 높아질 것이다.

"당신은 생명을 누구에게 의지하고 있는가?"

이 질문에 대한 답이 성경에 쓰여 있다. 교회를 토대로 복지 사업을 하는 우리는 특히 사람과 관련된 일, 죽음을 공유하는 것, 거기서 함께 배워가야 한다는 사실을 굳게 믿고 확신한다.

늙음은
하나님의 선물

"치매는 자존감(자존심)이 손상돼 그동안의 대인관계 (사회적 관계)가 무너지는 병이다."[11]

타케다 히로코(竹田広子) 씨는 84세이며 요개호 3단계로 90세의 남편과 딸 이렇게 셋이서 살고 있다. 5년 전부터 물건을 잘못 사오거나 돈 관리에 실수가 눈에 띄게 늘어 알츠하이머 치매 진단을 받았다. 점차 음식 만드는 순서를 잊고 가스불을 켜고 끄는 것이 잘 안돼 딸이 가사 전반을 담당하면서 요양보험

---

11) 上田諭(우에다 사토시), 《治さなくてよい認知症》(고치지 않아도 되는 치매), (日本評論社, 2014).

을 이용하게 되었다. 최근에는 일상생활에 지장을 초래할 정도의 증상과 행동을 보이며 의사소통의 어려움이 빈번하게 나타나 돌봄이 계속 필요한 상태가 되었다.

어느 날 히로코 씨가 다니는 주간돌봄서비스에 실습생이 왔다. 그는 학교에서 배운 돌봄 기술을 전혀 실천할 수 없다는 무력함에 사로잡혀 자신은 복지에 적합하지 않을지도 모른다고 풀죽은 모습으로 맞이한 실습 이틀째였다. 익숙하지 않은 돌봄에 긴장하면서 임했다.

그러자 히로코 씨는 그런 상태의 실습생에게 "내 이야기를 들어줘서 고마워", "너무 친철하네", "다음에 또 봐요"라고 말하고 돌아갈 때 잠깐 안아주었다. 실습생은 상냥하고 배려심 있게 감싸주는 히로코 씨의 따뜻함에 울어 버렸다.

히로코 씨는 치매로 뇌 위축 등에 의한 지적기능(기억, 판단력, 언어, 계산, 사고 등) 전반이 저하되고 있었다. 하지만 자신의 눈앞에 있는 사람이 자신감을 잃고 당황하고 있는 것을 직감적으로 알아차렸다. 그리고 그 사람을 모른척하지 않고 품고 안아주었다.

한편 실습을 지도하던 나는 불안에 떨고 있는 실습생의 상황을 놓치고 있었다. 사람으로서 잊어서는 안 되는 특히 간병의 현장에서 중요한 '배려'를 잊지 말라고 치매 환자인 히로코 씨가 넌지시 나에게 알려준 것이다.

우리는 흔히 치매 환자나 나이 든 노인은 아무것도 할 수 없다고 단정해 버리기 쉽다. 그러나 뇌의 작용으로 볼 때 치매로 빼앗기는 것은 빙산의 일각이다. 빙산 아래에는 치매에 의해 손상되지 않는 '말로 할 수 없는 기억'(의식하지 못하는 기억)이 방대하게 남아 있다. 이 기억은 '프라이밍'(priming)에 의해 표출되고 발휘된다.

이번에 실습생의 침울한 모습이 마중물이 되어 84년간 히로코 씨의 인생에서 축적된 '절차적 기억'(procedural memory, 몸으로 익힌 기억)이 표출된 것이다. 히로코 씨는 인생을 살면서 많은 신고(辛苦)를 겪었다.

도쿄 대공습으로 아버지를 잃은 슬픔, 전후에 먹을 것이 없어 배가 고팠던 괴로움, 결혼하고 남편의 끊임없는 폭력으로 눈을 다쳐 눈이 나빠진 것, 남편의 의붓자식과 관계를 잘 맺지 못해 고생한 것, 친자식이 자살한 것 등. 그리고 20년 전부터 50세가 된 딸이 정신질환으로 은둔생활을 하고 있고, 자신은 늙어서 몸이 생각대로 움직이지 않고 뜻대로 되지 않아 '왜 이렇게 고생을 해야 하는지'라고 한탄하는 인생이었다. 이러한 쓰라린 고통으로 받은 상처가 다른 사람들이 무엇을 원하는지 깊이 이해하고 치유하고 격려하고 용기를 북돋아 주는 행동으로 이어졌다고 생각한다.

사람은 히로코 씨처럼 각자 감당할 수 없는 아픈 경험을 가지고 있다. 몸소 경험한 인생의 근심과 괴로움은 따뜻한 행동과 함께 친절하고 상냥한 모습으로 변해간다.

서두에도 인용했듯 우에다 사토시 씨는 "치매는 자존감(자존심)이 손상돼 그동안의 대인관계(사회적 관계)가 무너지는 병이다"라고 했다. 고령자는 노화로 인해 지금까지 담당하던 가정이나 사회에서의 역할을 상실하고, "이제 아무 할 일이 없다", "사는 의미가 없다"며 자존감이 낮아지고 고독감을 느낀다. 인생의 무의미함과 목적이 없다는 생각 때문에 자기 긍정의 상실에 시달리고 있다. 그것은 사람은 늙더라도 누군가를 위해 살고 싶고, 도움이 되고 싶고, 공헌하고 싶다는 소망을 품고 살아가기 때문이다.

그래서 진정한 돌봄을 위해서라면 식사나 배설, 입욕 등의 생존을 지지하는 서비스만을 일방적으로 제공하는 의존관계로 끝나게 해서는 안 된다. 누군가를 행복하게 하고 누군가에게 도움이 되고 있다고 실감하길 원하는 고령자의 마음에 잠들어 있는 그들의 풍부한 인격과 자원을 사용함으로써 진정한 돌봄을 실현할 수 있다. 그렇게 함으로써 서로가 고독으로부터 해방되고 관계성을 되찾고 삶의 의미와 가치를 찾을 수 있는 것이다.

돌봄을 통해 나이 든 사람이나 그 가족, 지인 등의 인간관계를 다시 한번 함께 고쳐 엮어나가야 한다. 늙으신 당신의 부모님, 시집 식구, 당신의 친한 나이 드신 분들, 치매를 앓고 있는 친구 부모님 등이 있을 것이다. 그분과 당신이 다시 한번 예전과 다름없는 관계를 맺는 것이 돌봄이다.

구체적으로 어떻게 하면 좋을까? 우선은 그 사람이 과거에 해왔던 일이나 지금이라도 할 수 있는 일을 찾아보는 것이다. 그것은 가족을 위한 세탁을 돕는 일이거나, 요리를 같이하거나, 테이블 위를 닦아 주는 일, 제초이기도 하고, 화단에 물 주는 일일 수도 있다. 잘하는 것이나 잘 알고 있는 것에 대해 물어보고 가르쳐 달라고 하는 것도 좋다.

이런 사소한 일이라도 상관없다. 그렇게 함으로써 항상 '고맙다'라고 말하는 쪽이 '고맙다'를 받는 쪽이 된다. 그래도 마지막에는 누워 있게 될지 모른다. 하지만 예를 들면 '최상의 기술'이라는 시에는 죽을 때까지 사람에게는 역할이 있다는 것이 분명히 쓰여 있다.

최상의 기술

이 세상의 최상의 기술은 무엇일까?
즐거운 마음으로 나이를 먹고,
일하고 싶지만 쉬고,
말하고 싶지만 침묵하고,

실망할 것 같을 때 희망하고
순종하고 평온하게 자신의 십자가를 지는 것

젊은이가 활기차게
하나님의 길을 걷는 것을 보고도 질투하지 않고,
남을 위해 일하는 것보다
겸허하게 남의 보살핌을 받고,
약해져 더는 다른 사람에게 도움이 되지 않더라도
친절하고 온화할 것

늙음의 무거운 짐은 하나님의 선물,
낡은 마음으로 마지막 닦기를 한다.
진정한 고향에 가기 위해서.
스스로 이 세상 굴레로부터 조금씩 벗어나는 것은
진정으로 훌륭한 일,
이렇게 아무것도 할 수 없게 되면
그것을 겸허히 받아들이는 것

하나님은 마지막으로 가장 좋은 일을 남겨주신다.
그것은 기도다.
손은 아무것도 할 수 없다.
하지만 끝까지 합장할 수 있다.

사랑하는 모든 사람을 위해 신의 은총을 구하기 위해.

모든 것을 다 이루면 임종의 끝자락에
하나님의 목소리가 들린다.
"오라, 내 친구여, 나는 너를 결코 버리지 않으리라."[12]

이 시는 호이벨스 신부가 고향인 남독일로 돌아왔을 때 그의 친구가 보내준 것이라 한다. 2011년에 개봉한 〈츠나구〉라는 일본영화 중 키키 키린(樹木希林)이 연기한 '시부야 아이코'가 말버릇처럼 읊었던 시로 유명해졌다.

사람은 나이가 들면 아무것도 할 수 없게 된다. 그것은 '진정한 고향'인 하나님 나라로 돌아가기 위한 것으로, 여러 가지 일을 할 수 없게 됨은 '나와 이어진 이 세상의 굴레를 조금씩 풀어나가는' 것으로, 미련을 끊어가는 작업이라는 의미다. 그러니 '늙음의 무거운 짐은 신이 주신 선물'인 것이지, 하나님이 내리신 벌이라든가, 죄의 결과라든가, 버림받았다든가 하는 것은 아니다.

반대로 늙음의 무거운 짐은 하나님 나라로 향하는 모든 사람에게 주신 하사품으로 하나님의 은혜다. 그리고 아무것도 할 수 없다고 생각되는 인생의 적기에 '최상의 기술'이자, 당신이 보

---

12) ヘルマン・ホイヴェルス(Hermann Heuvers, 上智大学元学長[전 조치대 총장]),《人生の秋に》(인생의 가을에), (春秋社, 1978).

살핌(케어·지킴)을 받고 더불어 사랑하는 모든 사람 위에 하나님의 은총을 간구하는 역할이 있다는 것이다.

'인간'을 그리스어로 '안드로포스'(άνθρωπος)라고 한다. '하늘을 우러러보는 자', '위를 올려다보는 자', '기도하는 자'라는 뜻이 있다. 사람은 마지막에 기도로써 하늘을 올려다보고, 기도하는 자가 되고, 하나님과 연결되어 간다.

그래서 돌봄을 받는 사람에게 자신을 위해 기도하게 하면 좋겠다. 가정의 고민, 일의 불만, 인간관계의 얽힘, 경제적인 걱정, 미래에 대한 불안. 기도해 주길 원하는 내용을 그에게 이야기하고, 괴로운 일, 즐거운 일을 전하고 기도하게 하는 것이다.

그렇게 함으로써 노인들에게도, 젊은 세대인 우리에게도 죽음을 초월한 '하나님의 나라'에 대한 희망이 보일 것이다. 또 죽어도 없어지지 않는 가족이나 주변 사람들, 하나님과의 관계를 발견함으로써 서로의 마음에 위로가 된다. 그리고 육체가 사라져도 영적인 자신의 존재가 남는다는 것을 깨닫고 영원한 생명을 이해하게 된다.

이렇게 임종의 끝에서 "오라, 내 친구여, 나는 너를 결코 버리지 않으리라"는 소리를 들으며 평안히 하나님 나라로 돌아가는 것이라 생각한다.

"죽고 싶다"는 "살고 싶다"?

"빨리 죽고 싶다. 빨리 데리러 안 오나."

이것이 사이토 미키(斎藤ミキ) 씨의 말버릇이었다. 90세로 가족과 함께 살고 있는 미키 씨는 요개호 4단계였다. 젊었을 때 부모님의 권유로 이웃 마을에서 시집을 왔다는 미키 씨는 농가 옆에 토건업을 일으켰다. 전후 부흥으로 회사가 한참 커지고 있을 때 의지하던 남편이 병으로 세상을 떠났다. 네 명의 아이를 키우면서 회사를 경영하고, 많을 때는 50명 정도 되는 사원들의 아침, 저녁 식사부터 생활까지 돌봐왔다. 또 죽은 남편의 시부모님 수발, 밭일, 그리고 지역에서도 농협이나 주민회의 임원으로도 활동했다.

"남들보다 몇 배 열심히 일했지요"라고 미키 씨는 당시를 회상했다. 하지만 80대가 되자 다리와 허리가 아프기 시작해 외출하는 기회도 줄어들었고, 지역과 가정에서의 역할도 줄었다. 결국, 입·퇴원을 반복하게 되자 이웃의 소개로 2년 전부터 우리 요양원의 주간돌봄서비스를 이용하게 되었다.

미키 씨는 몇 번째 퇴원 후부터 앞에서 말한 "빨리 죽고 싶다. 빨리 데리러 안 오나"라는 말을 자주 하였다. 그때마다 직원들은 "무슨 말씀이세요. 맘 약한 소리 하지 마시고 힘내세요"라고 했다.
그러나 긍정적으로 살길 바라는 우리의 바람은 그녀 앞에서는 되돌아오는 메아리와 같았다. 미키 씨의 말에 어떻게 대응해야 할지 몰라 지쳐가는 나날이었다.

그러던 어느 날, 휠체어 생활을 하는 미키 씨가 집에서 이른 아침에 혼자 침대에서 내려와 엉덩이를 들썩이며 화장실을 가려고 복도에서 힘을 쓰는 것을 딸이 발견했다.
"뭐 하는 거야. 제발 더는 날 힘들게 하지 말아 줘!"
평소에 참고 쌓아 왔던 간병의 누적된 피로가 한꺼번에 밀려와 딸은 미키 씨를 심하게 꾸짖었다.
그리고 그날 낮에 딸은 전화 상담을 했다.
"엄마를 돌보는 게 너무 힘들어져 이젠 한계가 왔어요. 시설

입소 절차를 진행해 주세요."

전화를 끊고 주간돌봄서비스에 온 미키 씨가 있는 곳으로 갔더니 그날 아침에 있었던 일을 이야기해 주었다.

"더는 가족들에게 폐를 끼치고 싶지 않아서 혼자 힘으로 화장실에 가려고 했어요."

나는 그녀가 '죽고 싶다'는 이유가 여기에 있다는 것을 깨닫고 미키 씨에게 물었다.

"미키 씨, 돌봄을 받으면서 남에게 피해를 주고 사는 것이 죽을 만큼 괴로우시겠네요."

그러자 미키 씨는 고개를 크게 끄덕였다.

"맞아. 눈과 귀도 나빠지고, 팔다리도 아프고 전부 다 안 좋아. 이젠 내 나이도 모르겠어. 어젯밤도 그런 내가 너무 한심해서 한숨도 못 잤어. 뭣 때문에 태어나서 지금까지 살고 있는 건지…. 그런 생각을 하면 견딜 수 없이 눈물이 나. 나는 여태껏 많은 사람을 돌봤고, 시부모님 수발도 했기 때문에 돌보는 사람이 얼마나 힘든지 훤히 다 알아. 그러니까 다른 사람이 나를 돌보게 하고 싶지 않아. 얼마나 고생이야. 민폐야. 너무 힘들어. 가족이나 주위 사람들에게 이렇게 고통을 주는 것이 너무 괴로워. 그래서 나 얼마 전부터 죽으려고 생각하고 실천하고 있어. 식사량을 줄여서 굶어 죽으려고. 그게 지금의 내가 할 수 있는 유일한 길이야."

이렇게 말하는 미키 씨의 볼을 타고 눈물이 뚝뚝 흘러내렸다.

이게 뭐란 말인가? 죽기 위해 살고 있다! 그리고 그것이 가족을 향한, 딸을 향한 사랑이라….

주간돌봄서비스에서 매일같이 얼굴을 마주하던 미키 씨가 혼자서 이렇게 괴로운 생각을 품고 살고 있었다는 사실을 전혀 알아채지 못했다. 나는 할 말을 잃고 하늘을 바라보았다.

"하나님, 눈앞에서 미키 씨가 죽기 위해 살고 있습니다. 살아주길 바라는 저는 이기적일까요? 뭔가 해결방법은 없을까요?"

나는 다시 한번 미키 씨를 바라보며, 그 생각을 이해하기 위해 귀를 기울였다.

그러자 미키 씨의 입에서 가슴에 묵혀두었던 과거의 쓰라린 추억이 봇물 터지듯 쏟아져 나왔다. 가난했던 어린 시절의 일, 존경하는 아버지가 전사한 이야기, 전쟁 중과 전쟁 후의 식량난과 자신보다 가족을 부양하는 것을 최우선으로 여기며 살아온 날들, 시부모를 모시면서 고생한 일, 여성 경영자라고 무시당한 일 등이었다.

미키 씨의 말이 나의 마음을 울리며 이런 말이 나의 입을 통해 흘러나왔다.

"미키 씨, 힘든 가운데 용케도 지금까지 잘 버텨오셨네요. 지금 좀 더 사는 게 허락된 이유는 힘들었던 삶이나 죽고 싶을 정도로 힘든 생각을 누군가와 나누고 의미 있는 인생으로 바꾸기 위함이 아닐까요? 미키 씨는 요양원에 함께 있는 여러 사람들과 직원들, 그리고 저에게는 없어서는 안 될 분이세요. 그러니까 조금만 더 함께 살아주시면 안 될까요?"

잠시 생각하더니 미키 씨는 안심한 얼굴로 미소를 지으며 대답했다.

"그렇게 할게요."

사람이 죽고 싶을 정도로 고통스러운 괴로움이란 무엇일까? 그것은 일어난 사건 자체가 괴로운 것이 아니라 왜 죽고 싶은지 알아주려는 사람이 없기 때문이다. 자기 힘으로는 어쩔 수 없는 상황과 마음을 진심으로 받아줄 사람, 눈높이를 맞추고 바라봐 주는 사람, 이해해주는 사람이 없다. 그것이 죽고 싶을 만큼 절망을 낳는 것이다. 미키 씨의 '죽고 싶다'는 '살고 싶다'라는 외침의 반증이다.

자신의 살아 있는 모습을 "있는 그대로의 당신이면 돼요. 나는 당신이 너무 소중한 사람이라고 생각해요"라고 무조건 진심으로 인정해 주는 존재가 있다면, 인간은 어떤 상황에서도 살고 싶다고 자연히 바라게 되는 것이다.

우리들의 삶은 항상 웃을 때만 있지 않다. 마음속에 눈물의 비가 내릴 때도 있다. 역풍으로 한 걸음도 앞으로 나가지 못하고 오히려 후퇴해야 할 때도 있다. 진흙에 발이 빠져들어 허우

적거릴 때도 있는 것이다. 그때 정말 필요한 것은 "죽고 싶다"거나 "글렀어"라는 말을 없애기 위한 대응이 아니라, 안심하고 약한 마음을 토로하고 무거운 짐을 내려놓을 수 있는 이웃의 존재다. 당신의 말을 인정하고 "힘들지?", "정말 괴롭겠다"라고 그냥 수긍하고 마음을 같이 해줄 사람, 이해하려고 하며 곁에서 함께 있어 주는 사람과의 공감이 사람에게 얼마나 소중한 것인지 미키 씨에게 새삼 배우게 된다.

칼럼

V. E. 프랭클의 말

"고난과 죽음이야말로 삶을 의미 있게 하는 것이다."[13]

고난과 죽음은 우리에게 불안과 두려움을 가져다준다. 그래서 우리는 이것들을 없애고 싶어 한다. 하지만 제2차 세계대전 중 나치에게 붙잡혀 가족과 함께 아우슈비츠로 보내진 프랭클은 그곳에서 고난과 죽음이 있기 때문에 인간은 정말 소중한 것을 발견할 수 있음을 깨달았다.

나도 주변의 이웃을 떠나지 않고 함께 감당함으로써 이웃이 스스로 의미 있는 삶을 보낼 수 있도록 지원하려 한다.

---

13) フランクル V. E.(Viktor Emil Frankl), 《それでも人生にイエスと言う》(그럼에도 삶에 예스라고 말한다), 山田邦男, 松田美佳 옮김 (春秋社, 1993).

제3장

약함의 끝자락에
보이는 희망

약함을
자랑하자

어느 해 12월 25일 저녁, 장애인 그룹홈에서 요양원의 결원이 생겨 내가 지원하러 들어가게 되었다. 그룹홈이라는 것은 지적장애자와 신체장애자들이 민가와 아파트 등을 빌려서 돌봄을 받으며 공동으로 생활하는 장소다. 12월 25일 크리스마스에 가족과 단란한 시간을 보낼 수 없게 되어 낙담했지만, 겉으로 티 내지 않고 그룹홈에서의 식사 만들기·입욕 돌봄과 간호·취침 준비 등에 착수했다.

입주자의 저녁 식사 준비를 하면서, 옷 갈아입는 것에 손이 많이 가는 분과 목욕을 싫어하는 분을 챙기고 있었다.

그때 마쓰모토(松本) 씨라고 하는 분이 실금을 해서 화장실

안이 소변으로 가득했다. 나는 마루 전체까지 퍼진 소변을 몸을 굽혀 닦고, 배뇨 실수로 더러워진 장소를 치우며 마음속에서 치밀어 오르는 불만을 억누르기 힘들었다.

그러고 보니 어제는 노로바이러스로 의심되는 환자를 돌보며 대변을 처리했다. 오늘은 또 뭔가….

"하나님, 오늘은 크리스마스입니다. 근데 어제는 대변, 오늘은 소변 처리…. 제발 좀 봐주세요. 오늘 밤은 가족과 즐거운 크리스마스를 보내려고 했는데 왜 이런 상황과 싸워야 하나요?"

일 처리를 하며 당장이라도 눈물이 날 것만 같았다.

화장실 처리를 끝내고 시설의 장애인 모두와 식사를 끝마쳤을 때였다. 아까 소변 실수를 했던 마쓰모토 씨가 웃는 얼굴로 다가와서 이렇게 말했다.

"호노오 씨, 오늘 크리스마스예요. 빨리 돌아가서 가족들과 함께 보내세요. 나머지는 우리가 알아서 할 테니까."

주변 사람들도 한목소리로 나에게 가족에게 가라고 재촉했다. 나는 생각지도 못했던 그들의 친절함을 접하면서 그 순간 강한 충격과 함께 하나의 진리를 깨달았다.

"오늘 다윗의 동네에 너희를 위하여 구주가 나셨으니 곧 그리스도 주시니라"(눅 2:11).

구세주가 이 장애가 있는 사람들을 위해 태어나셨다. 그 소식이 이 그룹홈에도 전해졌다. 지적장애가 있다는 이유로 사회로부터 방치된 작고 약한 그룹홈의 사람들이 2천 년 전에 그리스도가 탄생했다는 사실을 처음으로 알린 양치기와도 같다는 생각이 들었다. 현대사회의 한쪽 구석에서 어깨를 맞대고 지극히 작은 자가 약함을 안고 있는 자와 함께 구세주가 계시다는 진리를 하나님이 나에게 다시금 깨닫게 하기 위해 일부러 크리스마스 날을 택해 이 그룹홈에 나를 부르셨다고 생각했다. 그리고 추운 성탄절 밤의 퇴근길, 놀라움과 감사와 회개가 마음 깊은 곳에서 넘쳐 나와 마음을 따뜻하게 해주었다.

우리는 스스로 지식이나 능력을 쌓음으로써 개인도 사회도 풍부해진다고 하는 가치 기준을 어릴 적부터 알게 모르게 세뇌당해왔다. 그래서 유능할수록, 편차 값이 높을수록 취업이나 삶에 유리하다고 생각한다. 그 가치관은 한편으로 지적 핸디캡을 안고 있는 사람들을 사회의 한쪽 구석으로 몰아넣는 상황을 만들고 있다. 나 자신 안에서도 상승 지향적으로 행복을 얻으려고 하는 생각이 있다.

왜 그렇게 생각하는 것일까? 사회 전체가 '사람을 사랑하는 것', '불쌍히 여기는 것', '배려하는 것' 등 인간이 인간답게 사는 요소를 뒤로 하고, 능력이나 유용성의 유무를 사람의 가치 기준의 상위에 둠으로써 사람으로서 없어서는 안 될 기본을 잃어버렸기 때문이라고 생각한다.

내가 지적 핸디캡을 안고 있는 그들과 관계를 맺을 때, 나보다 그들이 얼마나 인간다움이나 풍요로움을 가졌는지를 그때마다 느끼게 된다.

능력 제일주의의 가치 기준에 묶여버려 상승지향과 성과주의에 쫓기는 우리는 쫓기고 있다는 사실조차 인식하지 못한 채 매일매일 바쁨의 소용돌이 속에 살고 있는 게 아닐까? 우리는 매일 바쁘게 살면서 피폐해지고 길이 막힌 채 어디로 향해야 할지 방향조차 알 수 없게 되었다. 사람이 진정한 의미에서 행복해지는 것은 인간답게 살기 위한 기준이 무엇인지 다시 생각하는 것이라고 지적 핸디캡을 안고 있는 그들은 암묵적으로 표현해 주었다.

사람은 사람이라는 이유만으로 귀한 존재다. 사람의 가치에 우열은 없는 법이다. 그런데도 언제부터인가 우리는 지식이나 능력이 뒤떨어지는 사람이나 가난한 사람을 무시하는 마음이 자리 잡고 있다. 그리고 이 세상을 뒤덮는 가치 기준은 때론 우리 자신까지도 떨어뜨리고 괴롭히는 근원이 될 수 있다는 사실을 그해 크리스마스 날 밤 깊이 깨달았다.

지적장애가 있는 사람들과 어울릴 때 그들 앞에서는 사회적 지위, 능력의 유무 등으로부터 해방되어 자유로워진다. 다툼과 경쟁도 없고 있는 그대로의 모습으로 자신답게 사는 편안함을 발견한다. 자신의 한계나 결함을 숨기지 않아도 된다. 약함이나 핸디캡을 갖게 되면 다른 사람의 도움이 필요하고, 자신의 허물을 벗고 다른 사람과 더불어 살려고 한다. 또 남을 사랑하는 배려가 생기고 서로의 차이를 극복하고 맞추려고 노력한다.

'약함'은 부끄러운 것, 버려야 할 것이 아니라 사람으로서 살아가는 데에 좋은 작용을 끌어내는 촉매가 된다는 것을 그들을 통해 배웠다.

나는 그들과의 교제 속에서 '진정한 인간으로 돌아갈 준비'가 내 안에서 일어나고 있음을 느꼈다. 지적 핸디캡을 안고 있는 그들은 사회가 잃어가고 있는 '자신에게 내재된 약함을 자랑한다'는 소중한 진리를 표현하고 있다. 하나님은 내가 인간답게 살 수 있도록 그 같은 약자들을 봉사자로 나를 위해 보내주셨다고 믿지 않을 수 없다. 그리고 그걸 깨달은 사람만이 자신에게 준비된 유일한 길을 누구와도 비교할 필요 없이 걸어 나갈 수 있는 것이다.

성경의 저자 중 한 명인 바울이 성경에서 다음과 같이 설명했다.

"내가 부득불 자랑할진대 내가 약한 것을 자랑하리라"(고후 11:30).

"나에게 이르시기를 내 은혜가 네게 족하도다 이는 내 능력이 약한 데서 온전하여짐이라 하신지라 그러므로 도리어 크게 기뻐함으로 나의 여러 약한 것들에 대하여 자랑하리니 이는 그리스도의 능력이 내게 머물게 하려 함이라"(고후 12:9).

"그러므로 내가 그리스도를 위하여 약한 것들과 능욕과 궁핍과 박해와 곤고를 기뻐하노니 이는 내가 약한 그때에 강함이라"(고후 12:10).

바울은 기독교의 기초를 닦은 한 사람으로서 2천 년이 지난 지금까지도 유명한 선지자로 불리고 있다. 그가 없었다면 기독교는 세계적인 종교가 될 수 없었을 것이라고 할 정도로 기독교에 공을 세운 인물이다. 그런 그가 활약할 수 있었던 이유 중 하나는, 앞에서 언급한 마음을 가졌던 것이라 할 수 있다. 그는 엘리트였고 유능한 인물이었지만, 병으로 건강에 이상이 있었으며 그 모습은 형편없었다고 한다. 하지만 바울은 성격이나 육체의 나약함을 받아들여 모든 것을 드러내고 나아갔다. 그렇게 나약함과 추함을 숨기지 않고 나아갈 때 오히려 마음은 '풍부해지고', '강해지고', '힘을 발휘할 수 있었다'는 사실을 실감한 것이다.

인간은 본래 약점이나 결점이나 핸디캡을 하늘이 내린 선물로 받았다. 사람은 누구나 혼자 살 수 없다는 것을 배우기 위함이다. 사람은 하나님과 더불어 사는 존재로 만들어졌다. 그래서 '약함'이라는 선물을 하나님은 일부러 더 주셨다.

못나고 형편없는 우리다. 하나님은 그런 우리를 다 알고 계시지만 변함없이 사랑하신다. 그 사랑에서 나오는 궁극의 안도감을 느낄 수 있도록 사람은 '약함'이라는 선물을 받았다. 그것을 알게 되면 지금까지 그 약함 때문에 받아들이기 힘들었던 자신의 성격을 사랑하고 포용할 수 있다. 우리는 있는 그대로 OK 승인을 받은 것이다.

"내가 약할수록 나는 강하기 때문이다."

노인 탄생의
소리

　　　　　　　노무라 지로(野村次郎) 씨는 80세 남성으로 요개호 4단계였으며, 자택 맨션에서 혼자 살고 있었다. 내가 처음 지로 씨를 만난 곳은 한 병원의 병실이었다. 지로 씨는 뇌경색으로 입원한 지 3개월째고, 병원에서 퇴원하라는 재촉을 받고 있었다. 내가 지로 씨의 병실을 방문하자 지로 씨는 자리에 누운 채 인사를 해도, 무엇을 물어도 묵묵부답이었다. 무표정하고 빈 껍데기처럼 무기력하게 침대에 누워만 있는 모습이 인상적이었다.

　　지로 씨는 후쿠오카현(福岡県) 출신이다. 구제(舊制, 옛 제도)의 제국대학을 졸업 후 결혼하여 세 아들을 키웠다. 대학에서 사회학을 가르치면서 전쟁 중에는 지식인으로서 당국에서 압력을 받았지만, 전후에는 제국대학의 학장을 역임하고 많은 저서를 출판하는 등 훌륭한 업적을 남겼다.

지로 씨는 퇴직 후 "무언가를 계속 배워 사회나 남을 위해서 도움이 되도록 스스로 성장해야 한다"라고 생각해 적극적인 노후 생활을 보내고 있었다. 하이쿠(俳句)에 도전하거나, 재즈 CD를 모으기도 하고, 무엇보다도 프랑스에 관심이 높아 프랑스 요리를 아주 좋아하는 사교적인 사람이었다. 자택의 서재에는 많은 책이 수북이 쌓여 있어 그 교양의 깊이를 알 수 있었다.

그런 지로 씨였지만 입원했던 병원에서 집으로 돌아오자, 지금까지와는 전혀 다른 사람처럼 살았다. 온종일 잠옷 바람으로 지내다 침대 위에서 대소변을 하고 같은 자리에서 식사를 하는 생활로 일변했다. 지로 씨 가족이나 주변 친구들은 너무나 변해버린 그를 보고 아연실색했다.

우리 요양보호사는 어떻게든 원래의 삶을 되찾을 수 있도록 계획을 세워 실행했다. 우선 보행 연습, 화장실에서의 배설, 침대에서 벗어나 식탁에서 식사를 하는 일 등 모든 돌봄을 계획하고 실행하며 지로 씨의 회복을 바랐다. 그러나 그 현실은 우리의 바람과 정반대로 지로 씨의 적극적인 의지를 느낄 수 없었고 성과도 보이지 않았다.

그러던 어느 날, 지로 씨는 우리 요양보호사의 돌봄에 대한 불만을 표현했다. 그리고 자신이 뇌경색으로 쓰러지기 전에 읽었던 저명한 심리학자 하타노 간지(彼多野完治)가 쓴 책을 나에게 건네주며 읽어 주길 재촉했다.

거기에는 노인이 되어도 새로운 미래가 열린다고 적혀 있었다. 몸이 쇠약해져야 비로소 생성되는 '노인 탄생의 소리'가 있다는 것이다.

지로 씨는 뇌경색 후유증으로 자신이 원하는 대로 되지 않는 현실이 혼란스러웠다. 이제부터 어떻게 하면 좋을까 계속 생각하고 있을 때 쓰러지기 전에 읽은 이 작은 책이 떠오른 것이다.

하체가 쇠약해져 소변도 남의 도움을 받지 않으면 안 되는 신세가 되었다. 하지만 이런 살기 힘든 상황에서만 배울 수 있는 '학습과제'가 주어진다. 그러한 상황이 배울 수 없는 무엇인가를 습득함으로써 또 다른 미래가 열린다. 말하자면 자신의 새로운 인생 재시작의 시점에 서 있는 것이다. 지금 병들어 아픈 자신에게서만 태어나는 삶의 진수, '노인 탄생의 소리'를 발견하고 또 거기에 걸맞은 성장과 미래가 틀림없이 있을 것이다. 지로 씨는 그렇게 생각했다.

지로 씨가 원래의 생활로 돌아가기를 바라는 것은 아니었다. 과거에 머무르는 것이 아니라 미래를 향해 새로운 첫발을 내딛고 싶었다. 새로운 자신의 라이프 스타일을 찾고 싶다는 기대가 있었다. 나는 책을 읽으면서 '노인이란 어제 할 수 있는 일을 할 수 없게 되는 것을 받아들이고, 새로운 미래를 사는 것이다'라는 것을 배우게 되었다.

그럼에도 불구하고 간병하는 입장에서는 원래대로 되돌리는 것만 생각하고, 지로 씨의 발목을 계속 잡고 있었다는 생각이 들었다. 그리고 지로 씨가 병으로 잃어버린 생활 속에서 자살을 생각할 만큼 괴로운 마음이었음을 이해하지 못했다. 지로 씨라는 존재를 깊이 바라보지 못하고 있었음을 깨닫고 반성했다. 병과 나이 듦으로 인해 지로 씨의 미래의 문이 많이 닫혔지만, 동시에 그를 위해 열릴 새로운 미래가 있을 것이다. 그래서 요양보호사는 노인 탄생의 소리와 새로운 역할을 지로 씨와 함께 찾아가는 것이 중요하다고 깨달았다.

"구하라 그리하면 너희에게 주실 것이요 찾으라 그리하면 찾아낼 것이요 문을 두드리라 그리하면 너희에게 열릴 것이니 구하는 이마다 받을 것이요 찾는 이는 찾아낼 것이요 두드리는 이에게는 열릴 것이니라"(마 7:7-8).

나는 지로 씨에게 나의 잘못을 고백하고, 이 성경 구절을 신뢰하고 구하고, 찾고 문을 두드리며 나가기로 마음먹었다. 그리고 이때부터 '노인 탄생의 소리'를 찾는 작업을 지로 씨와 우리 요양사들과 시작했다.

요양사들의 대응이 바뀌자 지로 씨는 집 침대 위에 틀어박혀 있던 생활에서 벗어나 적극적으로 거리로 나가게 되었다. 잠옷 차림에서 멋진 셔츠에 재킷을 입고 스카프도 목에 두르고 산뜻한 모습으로 휠체어를 타고 외출했다. 사람은 의상이 바뀌면 기분도 바뀐다. 지로 씨는 몰라보게 멋진 차림새로 몸도 마음도 변해갔다.

또 뇌경색 후유증으로 어눌한 말투임에도 불구하고 주위 사람들에게 말을 걸고 마비된 손으로 만나는 사람과 악수를 하거나 어린아이의 머리를 쓰다듬거나 하면서 스스로 사회와 접점을 갖게 되었다. 그리고 친구나 지인들에게 늙는다는 것에 대한 갈등이나 자신의 나약함을 적극적으로 솔직하게 이야기하게 되었다.

"나이가 들어 병에 걸리면 모든 게 힘들지. 근데 나쁜 일만 있는 건 아니야. 그게 뭔 줄 알아? 그건 말이야, 사람의 상냥함이나 사소한 일상에서 행복을 느낄 수 있게 된다는 거야."

그를 만난 사람들은 지로 씨의 부자연스러운 모습이나 언동에서 앞으로 자신에게도 찾아올 늙고 병듦에 대해 공감하며 상상하게 된다. 그리고 늙음의 영역에 들어섰을 때 사람들은 자기가 어떻게 사는 것이 최선인지 지로 씨의 모습에서 많은 것을 배우게 된다. 그것은 누군가를 흉내 내는 것이 아니라 자신이라는 살아 있는 존재를 이용해 알려준다는 지로 씨의 참다운 교육적인 모습이었으며, 이는 은근하고 깊은 맛이 있었다.

어느 날 나는 지로 씨에게 경의를 표하며 물었다.
"지로 씨, 지금 당신의 삶의 의미를 알려 주세요."
그러자 지로 씨는 다음과 같이 말해 주었다.
"나는 사람이 어떻게 늙고 죽어가는지 보여주고 싶어. 사람은 죽는 그 순간까지 살 가치가 있다는 걸 나를 보고 느끼고 배웠으면 좋겠어."
지로 씨는 노인의 고뇌에서 찾아낸 너무나도 귀한 대답을 해 주었다. 나는 눈물이 났다.
"늙는다는 것은 훌륭한 일이다."
사람이 삶을 살아가는 동안에 부여되는 늙음의 깊은 의미를 나는 비로소 마음 깊이 실감했다.

우리가 늙음을 생각할 때 나날이 쇠퇴해 가는 내리막길을 상상한다. 체력, 건강, 가족, 친구, 시간은 모두 소멸해가기 때문이다. 그러나 그러한 눈에 보이는 것을 잃어가는 노년의 과정에서도, 사랑이나 우정, 관계나 배려, 감동과 감사 등 눈에 보이지 않는 것에 연결된 인격은 계속 성숙해 간다. 지로 씨는 사람은 죽을 때까지 성숙해 가고, 죽는 그 순간까지 살 가치가 있다는 것을 나에게 몸소 보여줬다.

우리 요양사는 돌봄이 있어야 하는 사람의 '지금'의 있는 모습 그대로를 인정하고, 곁에서 노인에게 주어진 과제를 공유하고, 우리 자신도 성장해 가야 한다. 그리고 지로 씨가 말한 것처럼 "늙는다는 것은 훌륭한 일이다"라는 멋진 '노인 탄생의 소리'를 듣는다. 늙음의 고뇌 속에서만 획득할 수 있는 인생의 진수를 스스로 발견할 수 있도록 지원해 가는 것, 그것이 우리 돌봄을 담당하는 자의 몫이다.

지로 씨는 불편한 왼손으로 다음과 같은 이별의 구절을 남기고 세상을 떠나갔다.

"충분히 마음껏 나는 살았다. 봄, 여름, 가을, 겨울아."

메멘토 모리
(Memento mori)

　　　　　　　마쓰모토 히로코(松本弘子) 씨는 요지원 2단계로 준공된 지 50년 된 시영 주택에서 혼자 살고 있다.

　히로코 씨는 도쿄의 빈민가에서 태어났으며, 태평양전쟁 전에 중국으로 건너가 그곳에서 종전을 맞이했다. 중국에서 일본으로 돌아가는 것은 무척 어려웠다. 그러나 어린아이들을 안고 맨몸으로 중국의 살던 집을 떠나 굶주림과 불안과 싸우며 어디로 가는지도 모르는 열차에 목숨을 내맡긴 채 조국 땅을 힘겹게 밟을 수 있었다.

　안주의 땅 일본에서의 생활은 평탄하지만은 않았다. 경마와 경륜, 도박에다 알코올 중독에 빠진 남편 때문에 가정은 가난과 다툼이 끊이지 않는 상황이었다. 그런 남편이 15년쯤 전에 세상을 떠났다.

"죽은 남편은 안 됐지만 죽어서 나는 속이 후련해. 나 의외로 매정하지. 하지만 진심이야. 홀가분해져서 기쁘더라."

겨우 자유의 시간을 얻게 된 히로코 씨였지만, 무릎의 통증으로 보행이 곤란해져 우리 요양원의 재택돌봄과 주간돌봄서비스를 이용하게 되었다. 히로코 씨는 혼자 살며 무엇이든 스스로 해결하려는 자립심이 강했다. 또 매우 큰 포용력의 소유자로 주간보호센터에서는 친한 친구가 많고, 취미인 공예 실력은 프로급이다.

그 히로코 씨가 어느 해 가을에 몸 상태가 나빠졌다. 진찰 결과 대장암이라는 것을 알게 되었다. 그리고 안타깝게도 전신에 암이 전이되었다는 이야기도 들었다.

"왜 내가 암이야. 사형선고라니…."

히로코 씨는 나에게 자신의 저주받은 삶을 토로하며 눈물을 흘렸다. 나는 웅크리고 있는 자그마한 히로코 씨에게 무슨 말이든 해주고 싶었다. 그러나 아무리 위로의 말을 건네려 해도 그녀의 마음에 와닿을 만한 적당한 말을 찾을 수가 없었다. 내 눈앞에 히로코 씨가 감당할 수 없는 압도적인 비참함이 펼쳐졌기 때문이다. 부조리한 전쟁의 체험, 받아들일 수밖에 없었던 가혹한 인생, 가난한 삶, 전신에 퍼진 암…. 나는 단지 히로코 씨의 비탄한 마음을 같이 느끼고 현실을 함께 나눌 수밖에 없었다.

"만약 내가 무사히 살아 돌아온다면 꼭 할 말이 있어요."

그렇게 말하고 히로코 씨는 수술실로 들어갔다.

수술 경과는 그다지 좋은 편이 아니었다. 그래도 무사히 집으로 돌아올 수 있었다. 바로 집으로 찾아간 나에게 히로코 씨는 자신의 남은 인생에 대해 입을 열었다. '자신의 삶은 앞으로 1년 남짓 남았으니 방 정리를 시작하고 싶으며, 죽을 때까지 꼭 이 집에서 간호해 줄 수 있는지, 누워서 꼼짝달싹할 수 없는 상태가 되더라도 자기 생각을 들어줄 수 있는지, 그리고 장례식 때 자신의 뼈를 수습해 줄 수 있는지' 등을 물었다.

나는 이 간청을 신중히 받아들였고, 동시에 히로코 씨의 각오를 느꼈다. 히로코 씨 인생의 마지막 라운드 최후의 종이 울림을 듣고 스스로 인생을 선택한 그 엄숙함에 머리가 숙여졌다.

"히로코 씨, 이런 부족한 저를 선택하셔서 함께 걸어가게 해 주시니 너무 감사드려요. 저야말로 마지막까지 함께하게 해주세요."

내가 그렇게 말하자 히로코 씨의 뺨을 타고 한 줄기 눈물이 흘렀다. 그리고 그때까지 가슴속에 묻어 두었던 자신의 과거를 털어놓기 시작했다.

히로코 씨의 부모님은 히로코 씨가 어렸을 때 이혼하여 가족이 뿔뿔이 헤어졌다. 그리고 어머니는 히로코 씨가 초등학교에 들어가기 전 병으로 돌아가셨다. 히로코 씨는 조부모 밑에서 컸기 때문에 엄마의 사랑을 모르고 계속 외로움을 메우지 못한 채 살아왔다. 아무에게도 말하지 못했던 깊고 깊은 외로움을 처음으로 히로코 씨는 이야기했다.

어린 시절 유일한 위로가 엄마 대신 곁에서 재워 준 할머니의 부드럽고 따스한 젖가슴을 만지는 것이었다. 히로코 씨는 그렇게 어린 마음으로 감당할 수 없었던 힘든 상황을 견뎌왔다는 것이다.

봇물 터지듯 계속 말을 이어갔는데, 그녀가 마음속에 담아두었던 감정은 빈말이라도 아름답다고 할 수 없는 것이었다. 스스로 어찌할 수 없는 격한 상황 속에서 우왕좌왕하며 살아야 했던 절절하고 가혹한 삶이었다. 이야기는 끊이지 않았고, 나는 그 무게에 눌려 숨이 막혔다.

그 이야기를 가만히 듣고 있자니 나는 히로코 씨가 해결되지 않은 인생의 여러 가지 숙제, 다 끝내지 못한 많은 일에 지금부터 도전하려 하고 있다는 것을 깨달았다. 히로코 씨는 암이라는 병을 얻음으로써 녹록지 않았던 인생 가운데 어떤 의미를 찾아내려는 '종말 활동'의 작업을 시작한 것이다. 그리고 나를 불렀다.

"난 앞으로가 무서워. 화장실도 혼자 못 갈 정도로 몸이 말을 듣지 않을 텐데, 어떻게 하면 죽음을 평안하게 맞이할 수 있을까?"

히로코 씨는 죽음에 대한 불안을 이야기했다.

"나르치스, 자네는 어머니가 없다면 어떻게 죽으려는가? 어머니가 없이는 사랑도 할 수 없고 죽을 수도 없다네."[14]

사람은 누구나 엄마 없이는 태어날 수 없다. 또 엄마의 사랑이 없다면 타인과 자신을 사랑하기 어렵다. 무엇보다도 사람은 죽음을 목전에 두면 흑암 속에 홀로 내동댕이쳐지고, 사나운 폭풍우에 휩쓸리는 작은 배처럼 스스로는 아무것도 할 수 없는 상태가 되는 것이다. 그때 지푸라기라도 잡는 심정으로 내민 손을 무조건 받아주고 사랑해주는 어머니가 없다면 불안해서 죽음을 맞이하기가 어려울 것이라고 헤세는 말하고 있다.

혼자 살아온 더구나 엄마의 사랑을 모르는 히로코 씨가 앞으로 어떤 생각으로 죽음을 맞이할 것인가. 그것은 아무도 모른다. 어머니가 되어주지는 못해도 나와 요양사가 함께하며, 그리고 그곳에는 하나님의 사랑이 있다는 것을 계속 공유해 가려 했다. 그리고 한 가지 약속을 했다.

"내가 할 수 있는 일은 최선을 다해 도울게요."

이제부터 일어날 예상치 못한 죽음으로 향하는 상황에서 나

---

14) ヘルマンヘッセ(Herman Hesse), 《知と愛》(Narziβ und Goldmund), 高橋健二 옮김 (新潮文庫). (헤르만 헤세, 《나르치스와 골드문트》).

는 어떻게 히로코 씨다움을 지탱해나가야 할지 모른 채 히로코 씨의 등을 쓸어주는 일밖에 할 수 없었다.

'메멘토 모리'(memento mori)는 '너는 반드시 죽는다는 것을 기억하라'라는 라틴어다. 죽음을 잊지 않고 기억하며 살아감으로써 지금까지 하찮게 여겼던 '소중한 삶'을 살아가는 전환점이 된다. 그리고 영원히 어머니처럼 감싸주는 사랑의 하나님을 만나는 기회이기도 하다. 그야말로 히로코 씨는 '메멘토 모리'를 경험을 통해 알게 된 것이다.

나는 돌봄을 필요로 하는 사람이 죽음을 의식함으로써 육체의 고통이나 폭풍우 치는 인생 행로의 괴로움을 넘어서고, 소중한 친구나 어머니와 같은 하나님을 만나 평안함을 누리며 영원을 향해 여행을 떠나기를 바라고 있다.

'간병기'는 의학적으로 여명 3-6개월이라 하지만, 복지적으로는 '요개호 상태'의 돌봄이 필요한 몸으로 간주한다. 돌봄의 끝에는 죽음이 있기 때문이다. 죽음을 의식함으로써 돌봄을 받는 사람이 육체의 아픔과 광풍이 이는 인생 행로의 아픔을 딛고 소중한 친구와 어머니 되시는 하나님을 만나 평안을 얻고, 영원을 향한 여행을 떠날 수 있도록 한 사람 한 사람의 '삶'뿐만 아니라 죽음을 의식한 '살아냄'을 우리는 지지하려고 한다.

다양한 모습의
그리스도

내가 20대 후반에 목사가 막 되었을 때였다. 낡은 빌딩의 한 칸을 빌려서 15명 정도가 모이는 작은 교회의 목회를 하고 있었다.

그 교회에서 12월 24일 크리스마스 이브를 위해 9월부터 아이들과 상의해 톨스토이가 쓴 '구둣가게 마틴'을 연극하게 되었다.

그 이야기의 내용은 이렇다.

구둣가게 주인 마틴은 오래 함께 살아온 아내와 외아들을 병으로 잃고 생활이 말이 아니었다. 마틴은 자신의 불행을 한탄하며 "하나님 따위는 없어"라고 절망했다. 그러던 어느 날 밤 그리스도의 목소리를 듣는다.

"마틴, 마틴, 내일 너한테 갈 테니 기다려라."

다음 날 마틴은 언제 그리스도가 나타나실까 기대하며 창문만 바라보고 있었다. 하지만 그리스도는 기어코 마틴의 집에 오시지 않았다. 그 대신 창문으로 눈을 치우고 있는 노인이 추위에 떠는 것이 보였다. 마틴은 노인을 집으로 초대해 따뜻한 차를 대접했다.

다음으로 아기를 안은 가난한 엄마가 지나갔다. 마틴은 추워 떠는 아기의 엄마에게 겉옷을 주었다. 다음으로 지나가는 할머니의 바구니에서 사과를 뺏으려는 소년을 보고 마틴은 서둘러 밖으로 나가 소년과 함께 할머니에게 사과했다.

밤이 되어 마틴은 어젯밤 그리스도의 목소리를 떠올리며 낙담했다. 그때 어젯밤과 마찬가지로 그리스도의 목소리를 들었다.

"오늘 나는 너를 찾아갔다. 그 노인도, 그 아기를 안은 젊은 엄마도, 그 소년도 모두 나였다. 너한테 갔다는 걸 알았느냐? 가난한 사람, 슬퍼하는 사람, 괴로워하는 사람, 그런 사람 중에 내가 있다."

나는 아이들과 서로 상의하며 연습을 거듭해 실전을 맞이했다. 연극은 5시부터 시작하여 아이들은 연습 이상으로 연기를 잘해내 박수갈채를 받고 끝났다. 교회는 이후 촛불 예배, 역 앞에서의 캐럴 송, 오지 못한 성도들의 집 방문 등으로 스케줄이 명확했다.

우리가 연극을 마치고 정리를 하고 있는데 교회 문이 열렸다. 거기에는 어린 여자아이가 숨을 헐떡이며 아버지의 손을 잡고 서 있었다. 내가 인사를 하자 여자아이가 전단지 한 장을 내밀었다. 그것은 그날 오후, 교회의 가장 가까운 역에서 내가 나눠준 '어린이 연극' 전단지였다. 나는 그 아이 얼굴을 보고 그때 주고받던 말이 생각났다.

"오늘 밤 교회에서 크리스마스의 진짜 의미를 알 수 있는 연극이 있어."

그러자 여자아이는 아빠에게 물어본다며 전단지를 들고 근처의 아파트에 가서 전화를 하고 돌아왔다. 그리고 나에게 기쁜 듯이 이야기해 주었다.

"아빠가 같이 가도 된대요. 아빠랑 같이 갈 거니까 꼭 기다리고 있어야 해요."

"알았어. 기다리고 있을게."

그 아이의 아버지는 사정을 이야기했다.

"지난해 아내가 세상을 떠나면서 우리는 편부 가정이 됐어요. 올해는 단둘이서 쓸쓸한 크리스마스가 될 줄 알았어요. 그런데 얘가 나에게 교회에 가자고 해준 거예요. 아이는 기대하며 제가 돌아오기를 기다리고 있었죠. 그런데 제가 빠질 수 없는 일이 생겨 늦어버렸어요. 정말 죄송합니다. 정말 말도 안 되는 거 알지만 제발 이 아이를 위해서 다시 한번 연극을 해주실 수는 없을까요?"

나는 바로 교회 어른과 아이들에게 사정을 설명했다. 애들은 "하자!"라고 했는데 어른들은 "일정이 꽉 차 있어서 무리다"라고 하는 바람에 어른의 의견으로 결론이 났다. 나는 그것을 아버지에게 전했다. 여자아이는 슬픈 눈동자로 나를 바라보았고, 아버지는 말없이 그 아이의 손을 잡아끌고 갔다.

나는 교회 아이들에게 "아쉽지만 어쩔 수 없다"라고 어른들의 결론을 설명했다. 잠깐의 침묵이 흘렀다. 조금 전에 예수 역을 했던 초등학교 2학년 남자아이가 큰 목소리로 연극의 대사를 어른을 향해 외쳤다.

"가난한 사람, 슬퍼하는 사람, 고통받는 사람, 어려운 사람, 그런 사람들 안에 나는 있다."

그리고 울면서 이렇게 계속 외쳤다.

"진짜 그리스도가 왔는데 어른들은 돌려보냈어요. 교회가 그리스도를 돌려보내도 되나요!"

어른들은 말문이 막혔다. 연극 전단지에는 이렇게 적혀 있었다.

"내가 진실로 너희에게 이르노니 너희가 여기 내 형제 중에 지극히 작은 자 하나에게 한 것이 곧 내게 한 것이니라 하시고"(마 25:40).

나는 정신을 차리고 서둘러 교회 밖으로 뛰어나가 그리스도를 찾았다. 하지만 어둠 속에 사라진 부녀를 찾지 못했다. 도대체 내가 무슨 짓을 한 건가. 가족 잃은 슬픔을 안은 부녀의 절망은 어떠했을까. 절망의 나락에서 성탄절을 맞은 이들 부녀에게 그리스도는 구원자가 되기 위해 목숨을 걸고 태어나셨는데 그 복음을, 그 희망의 빛을 전해야 할 나는 무엇을 했단 말인가. 그리스도의 탄생을 축하하는 날 주인공인 그리스도를 내쫓은 위선자인 나 자신을 깨닫고, 나는 남의 눈을 의식하지 않고 울었다.

그로부터 몇 년이 지나 나는 교회에서 복지 일을 시작했다. 거기에는 지금도 끊임없이 다양한 모습으로 그리스도가 찾아오고 계신다. 누군가의 도움이 없으면 살아갈 수 없는 돌봄이 필요한 노인들, 자신의 이름조차 잊어버리는 치매를 앓는 사람들, 전 재산이 몇백 엔뿐인 가난한 사람들, 고독을 안고 있는 혼자 사는 사람들, 그리고 그 '절망을 안고 교회를 말없이 떠난 어린 소녀와 아버지'가 교회에 찾아온다. 나는 그때마다 '다시는 작은 자를 버리지 말고 그 사람의 존엄성을 중요시하고 더불어 살 것'을 마음에 새긴다.

그리스도를 말하면서 눈앞에 온 그리스도를 돌려보낸 구제 불능의 나를 심판하기 위해서가 아니라 내 곁에 오셔서 나와 함께 괴로워하며 나라는 죄인의 벗으로 계속 남아 주시는 그리스도는 다윗 마을 마구간의 구유에서 태어나셨다. 거룩하신 분이 감히 나의 주인이 되기를 바라며, 나와 같이 더러운 구유에서 태어나 누이시고 나를 대신하여 십자가 죽음을 이루셨다. 그것은 틀림없이 하나님의 사랑의 표현이다.

나는 크리스마스가 올 때마다 마음이 아려온다. 그렇기에 이 바닥을 치는 아픔에서 무한한 하나님의 사랑이 넘쳐흐르고 고통을 겪고 있는 사람 곁으로 부름을 받는다. 그곳에는 분명히 어둠 속에 함께하시는 그리스도가 계시다. 그래서 나는 이분에게 희망을 걸고 나아가려고 한다.

칼럼

뉴욕시립대학병원의 벽에 새겨진 말

큰일을 감당하려고 힘을 달라고
하나님께 기도했더니 겸손을 배우도록 약함을 주셨다.
더 위대한 일을 할 수 있도록 건강을 바랐는데
더욱 좋은 일을 할 수 있게 병약함을 주셨다.
행복해지고 싶어서 부를 달라고 했더니
현명해지라고 가난을 주셨다.
세상 사람들의 칭찬을 받고 싶어 성공을 구했더니
자만하지 않도록 실패를 주셨다.
인생의 향락을 누리고 싶어서 모든 것을 구했더니
모든 것을 기뻐하도록 생명을 주셨다.
구한 것은 하나로 주시지 않았지만
소원은 모두 들어주셨다.
하나님의 뜻에 미치지 못한 사람임에도 불구하고
마음속 다 표현하지 못한 기도는 모두 이루어졌다.
나는 이 세상 모든 사람 중에서

가장 풍족한 축복을 받았다. [15]

하나님은 우리의 기도를 들어주시지 않는 것이 아니라, 우리의 생각을 초월해 응답해 주신다는 것, 하물며 우리가 지워버리고 싶은 일 가운데 축복해주고 계신다는 것을 안다. 설령 누군가 이웃이 구렁텅이에 있다 하더라도 여전히 축복할 가치를 찾아 거기에 하나님이 함께 계신다는 것을 믿을 때 새로운 희망의 빛을 발견할 수 있다.

---

15) 渡辺和子(와타나베 가즈코), 《愛することは許されること》(사랑하는 것은 용서받는 것), (PHP研究所, 1999).

권말 부록

보다 나은 돌봄 현장을 위해

즐겁고 보람차게 일할 수 있는 조직
– 4가지 구조 만들기

부끄러운 이야기지만 내가 열아홉 살 때, 간병 일이 '즐겁지 않고 보람이 없다'고 느껴 9개월 만에 그만뒀던 쓰라린 기억이 있다. 그리고 수년간의 공백을 거쳐 어쩌다 보니 재개하게 된 돌봄의 일은 어떤 일이 계기가 되어 즐겁다는 생각이 들었고, 오늘까지 약 30년이 넘도록 계속하고 있다.

그것은 돌봄이 인간적인 의미와 사회적 의의가 있다는 것을 깨달았기 때문이다. 이 돌봄의 깊은 의미나 가치에 뿌리를 둔 즐거움은 다른 일에서는 맛볼 수 없다고 절감하고 있다.

치매를 앓고 있는 한 요양원 환자가 나에게 중얼거렸다.

"머릿속이 엉망진창이고 배설조차도 못하는 게 너무 한심해. 이런 내가 사는 게 가치가 없어. 빨리 데리러 안 와주나."

우리가 돌보는 환자는 조만간 노화와 치매가 진행되어 죽음을 맞이한다는 미래는 변하지 않는다. 하지만 환자의 어찌할 바 모르는 일상의 나날과 부조리의 현장에 요양보호사가 다가가 곁에서 그 고통에 귀를 기울이고, 함께 괴로워하고 무력함을 맛보면서도 여전히 거기에 머물러 정성껏 돌봄을 제공한다. 그리고 서로가 변해가는 것을 경험한다. 여기에 돌봄의 즐거움이 있다.

하지만 이 즐거움은 혼자서는 맛볼 수 없다. 조직 내에서 의식적으로 시스템화해서 끼워 넣어야 발동이 걸리고 기능을 하게 된다. 이 구조에는 크게 네 가지가 필요하다고 생각한다.

첫 번째는 돌봄의 구조를 이해하고 구축하는 것, 두 번째는 첫 번째 것을 계속해 나가기 위한 케어 매니지먼트를 실시하는 것 세 번째는 사람과 사람이 더불어 사는 즐거움을 맛볼 수 있는 인재를 육성하는 인재 매니지먼트를 제공하는 것, 네 번째는, 몸으로 익힌 커리어를 활용하는 것이다. 좀 더 자세히 설명해 보겠다.

1. 돌봄의 구조를 이해하고 자기 일로 생각한다

우리가 돌봄을 하는 이유는, 자신이 생활해 나가기 위해서 '뿐'만 아니라 그 이전에 관련된 사람의 행복을 위해 조금이라도 공헌하고 싶다는 일의 동기나 뜻, 즉 '목적(존재 의의)'이 있기 때문이다. 먼저 여기에서 출발해야 한다. 그리고 이 돌봄의 존재 의의가 '조직'을 통해 실현되고 있다는 것을 호응하고 실감함으로써 즐겁게 일할 수 있게 된다. 그러기 위해서는 자신의 돌봄 동기나 뜻을 추상적인 것에서 구체적인 것으로 나누어야 한다. 즉 법인 이념이나 돌봄 이념, 행동 지침, 테스크, 돌봄 행위와 직접 연결되어 있다는 것을 직원 개개인이 이해할 수 있어야 한다.

법인 이념이란 요양사 자신이 이 법인에서 일을 통해 어떤 사회를 목표로 하고 있는가 하는 법인으로서의 좌표축을 말하는 것이다.

행동 이념이란 모든 사람이 장애나 간병, 능력의 유무에 따라 배제되지 않으며, 귀중한 존엄성을 가지고 자신의 의지대로 살 권리가 있음을 나타낸다. 현대사회는 돌봄을 이용하는 사람을 비생산적인 자로 취급하여 사회 주변으로 내몰고, 사회적으로 배제함으로써 고독에 빠지게 하고 있다. 우리의 일은, 그 현대사회에 함께 살면서 단 한 사람도 남겨두지 않는 사회적 포섭(소셜 인크루전)이라는 돌봄 이념을 그 사람에게 또 사회에 실현하려고 하는 것이다.

그리고 그것을 확실히 해두기 위해 조직의 행동 지침을 정하고 웃는 얼굴로 누구나 환영하는 등의 '접대'로 표현한다. 이렇게 해서 간병 행위인 배설 돌봄이나 식사 돌봄, 입욕 돌봄 등의 지원은 최종적으로 자신의 업무 의지와 연결되며, 모든 돌봄 행위의 일거수일투족에 의해 실현되고 표현되는 것이다. 바로 우리들 눈앞의 환자와 마주할 때 그 작은 돌봄을 쌓아 환자의 가족뿐만 아니라 지역사회나 인류 전체를 돌봄 이념의 사고방식으로 케어함으로써 보다 좋은 사회로 바꾸어 가는 '소셜·액션'도 포함하고 있는 것이다.

행동 이념 속에서 존엄이 중요하다고 입버릇처럼 말하면서 자물쇠가 없는 화장실 문이나 커튼 칸막이로 문을 대신하는 것을 당연시했다면 환자는 안심하고 배설을 할 수 없을 것이며, 존엄성이 유지되고 있다고 하기 어려울 것이다. 이래서는 "내 앞에 있는 사람을 행복하게 하고 싶다"는 자신의 뜻과 법인 이념, 돌봄 이념도 돌봄 행위와 연동되지 않으므로, 결과적으로 돌봄의 보람을 느끼거나 즐거움을 느끼지 못하게 된다.

그래서 내가 일하는 법인은 이것들이 연동되도록 이성에 의한 배설 돌봄, 목욕 케어, 환복의 돌봄을 하지 않고, 동성 케어를 하고 있다. 이것은 환자의 존엄성뿐 아니라 직원의 존엄을 지킨다는 복지 이념의 관점에서도 요구된다고 생각하기 때문이다. 그러기 위해서 자신의 돌봄의 목적과 법인의 돌봄 이념, 행동 지침, 작업, 돌봄 행위를 일치시켜 연동시키는 조직을 실현하는 것이 중요하다.

2. 근거에 기초한 케어 매니지먼트를 계속한다

약간 추상적인 이야기이긴 하지만, 여기까지 말한 것들을 그림의 떡으로 끝내지 않기 위해서는 근거 있는 돌봄을 목표로 하는 '케어 매니지먼트'가 조직적으로 이루어져야 한다. 이것이 전제되지 않으면 즐거운 돌봄은 '계속되지 않는다.'

요양사의 일은 감이나 경험이 아니라 환자의 의사결정이나 과학적 뒷받침, 관계성에 근거한 돌봄이다. 이 세 가지를 바탕으로 구체적으로는 1 PDCA[16)]의 지원 사이클에 의해 개개인의 환자와 신뢰 관계를 구축하여 생활을 저해하고 있는 요인을 함께 고민하고 생각한다. 평가에서 가설을 세우고 계획을 책정한다. 식사, 배설, 목욕, 탈의, 이동 등의 목적과 의미를 잘 이해하고 성의를 다해 구성한다. 그리고 실시 후에는 지원 평가를 하고 다시 계획을 세워 환자의 행복 향상을 목표로 하는 행동으로의 사이클을 끊임없이 반복하는 것이다.

예를 들어, 치매로 보행이 불안정한 사람이 식당에서 일어섰다고 가정하자. 위험하니 앉으시도록 정중하게 이야기하는 등 단순히 경험을 적용하는 지원을 하면 안 된다. 그분이 왜 일어났는지 구체적인 언동이나, 일과 생활력이나 신체 상황, 요구나 지원자와의 관계성 등을 고려하면서 생각해 본다. 배설의 욕구인지, 여기에 있고 싶지 않은 것인지, 혹은 마실 것을 찾으러 가

---

16) 1 PDCA: 계획, 실행, 평가, 실행의 네 단계에서 일에 해당하는 생각.

려고 했는지 등의 분석을 하고 접근방법을 생각하고, 그것을 본인의 강점을 활용하여 실행하고, 어느 부분이 어느 정도 효과가 있었는지를 검증하고, 또 다음의 지원 방법으로 연결해 나가는 것이다.

3. 인재 매니지먼트

여기까지 요양사 일을 하는 동기는 법인 이념에서 구체적인 돌봄 행위까지 직접 연결되어 있다는 것과, 그 연결을 기초로 환자의 의사결정이나 행동 분석과 같은 근거 있는 케어매니지먼트를 계속해 나가는 것이 필요하다고 지적했다. 그렇다면 이러한 깨달음과 배움을 어떻게 조직 전체로 양성해 나갈 것인가? 한마디로 말하자면 '인재 매니지먼트'이며, 다음과 같이 생각해 볼 수 있다.

'인재 매니지먼트'란 법인의 구체적인 제도로, 말하자면 '평생 커리어 패스제도'이고 '평생교육·학습'이다. 전자는 법인에서 직원의 자질과 보람의 향상을 목표로 전문성을 높이는 학습 환경을 제공하는 것이다. 후자는 서적이나 시설에서 정기적으로 실시되는 연수 OFFJT(off the job training)나 다른 사람으로부터의 조언, 그리고 OJT(직장 내 교육훈련)나 자신의 경험에서 지견을 도출하는 슈퍼비전(supervision)을 말한다.

예를 들면, 우리 법인에서는 부문장과 리더, 중간 직원, 초임

자 등을 레벨별로 나누어 연수, 사업별 연수, 법인 전체 연수를 각각 매월 1회 이상 개최해, 최신의 이념이나 지식, 기술을 획득할 수 있는 환경을 제공한다. 또 각자 전문 잡지나 서적을 읽을 수 있도록 도서를 충실하게 갖추어 놓거나, 요양보호사 직능단체가 실시하고 있는 평생 연수, 사회복지협의회가 실시하고 있는 '복지직원 경력경로(career path) 평생 연수'를 활용할 수 있는 제도를 마련하여 개인의 평생교육을 지원하고 있다. 그리고 모든 직원이 지식을 수동적으로 배우는 것이 아니라 슈퍼비전에도 힘을 기울이고 있다.

게다가 병렬 프로세스(parallel process, 모방)의 활용이 있다. 이것은 직원 간의 인간관계나 조직의 본연의 자세가 환자와의 돌봄 관계의 모델로서 재현된다는 법칙에 근거하고 있다. 요양사는 동료들이 받아준 것처럼 환자를 받아들여 동료가 지지해 준 것처럼 환자를 지지한다.

조직 내에서 환영받지 못한다고 느끼는 직원은 동일하게 환자를 받아들일 수 없다. 그래서 환자에게 해야 할 섬김을 직원 간에도 하도록 하고 있다. 웃는 얼굴로 "안녕하세요?"라고 인사하고 웃는 얼굴로 이름을 부른다. 혹독한 장면을 극복했다면 "수고하셨습니다!"라고 서로를 위로하고, 새로운 아이디어를 낸 직원에게는 "멋져요"라고 인정해 준다.

지극히 당연하게 생각되는 일이지만, 일상의 업무에 쫓겨 잊기 쉬운 직원 간의 관계성 교류를 통해 심리적 안정성을 조직 내에서 키워 어려움을 극복하고 즐거운 돌봄을 하는 분위기 조성에 유념하여 인재 매니지먼트를 실시하고 있다.

4. 돌봄에는 자신의 경력을 살릴 수 있는 즐거움이 있다

지금까지 꽤 구체적인 이야기를 했다. 돌봄의 구조를 알고 근거 있는 돌봄을 하기 위한 케어 매니지먼트를 의식하는 것, 또 그러한 직원의 의식을 양성하기 위한 조직 만들기 등을 언급했다. 그것들에 따라서 마지막으로 여러분 개개인에게 있는 '커리어'를 활용함으로써 돌봄의 즐거움을 서로 나누는 조직을 만들 것을 권하고 싶다.

우리는 전문직인 동시에 크든 작든 환자와 동일한 '당사자성'이 있다. 어떤 사람은 질환을 앓고 있고, 어떤 사람은 늙어감을 느낀다. 어떤 사람은 인간관계의 문제를 안고 있고, 어떤 사람은 경제적인 불안을 느끼고 있다. 또 과거 수험이나 취직의 실패, 가족 간의 트러블, 심지어 왕따 등의 다양한 역경을 경험했을지 모른다. 그런 경험과 좌절, 고통을 견디면서 거기서 키워낸 귀중한 체험에서 나오는 친절함, 견디는 힘과 극복하는 지혜, 고독, 절망의 괴로움, 그것들을 나눌 수 있는 기쁨 등은 사라지지 않고 그 사람을 변화된 새로운 존재로 재탄생하게 한다.

이것을 '커리어'라고 부르며, 우리는 이를 몸소 경험하고 있고 동일한 당사자성을 가진 타인이기 때문에, 때로는 현 상황에서 희망이 없어 보이는 환자와 마주하여 계속 버팀목이 되게 하고, 돌봄을 포기하지 않는 원천이 되기도 하며, 배려의 힘이 되기도 한다.

전문적인 지식과 기술을 습득하는 것만으로는 창출되지 않고 자신의 고통으로부터 나오는 개별 커리어를 환자를 위해 크게 사용함으로써 우리는 다양성 있는 조직이 되어 간다.

전문성과 당사자성을 갖추고 개개인의 존재와 함께하며 공감적 이해자가 되는 곳에 분명 진정한 의미의 '상생 사회'가 이루어지리라 확신한다. 돌봄서비스 종사자가, 같은 사람으로서 서로가 마주하는 가운데 돌봄의 보람이나 즐거움을 낳는 전문직이 되었으면 좋겠다.

에필로그

　이 책은 복지 관계자나 교회 관계자뿐만 아니라 가족의 돌봄을 담당하고 있는 분들도 꼭 읽어 주셨으면 좋겠다. '돌봄'의 현실은 너무 힘든 것이라는 사실을 현장에서 뛰고 있는 한 사람으로서 항상 느끼고 있다. 하지만 동시에 돌봄이라는 일이 주는 심오한 의미를 이 책에서 찾을 수 있다면 더할 나위 없이 감사하겠다.

　또 자신의 늙음을 어떻게 받아들이고 긍정적으로 생각할 수 있을까 하는 '나이 듦의 수용'에 도움이 되기를 바란다. 안티에이징이 요구되는 사회에서 늙음은 누구나 피해야 할 것으로 인식한다. 하지만 늙음의 현실에는 이 책에도 인용되어 있지만 '노인 탄생의 소리'가 있다고 생각한다. 나이가 들어야만 태어나는 인간으로서 살아가는 소중함의 진수를 찾는 힌트가 이 책에는 여러 곳에 숨어 있으니 도움이 되었으면 좋겠다.

　그리고 나이가 들어가는 시간 한가운데를 걷고 있는 분들도 읽어 주셨으면 좋겠다.

　크리스천이자 치매 연구의 일인자였던 하세가와 카즈오(長谷川和夫)는 치매에 걸려 이렇게 말했다.

"죽음이 두렵지만, 하나님은 그 불안과 두려움을 덜어내기 위해 치매에 걸리게 해주셨을지도 모른다. 하나님이 주신 선물이다."

'늙음'이나 '돌봄'은 우리의 지금까지의 풍경을 바꿀 기회이기도 하다. 꼭 이 책을 읽고 초고령화 사회를 희망을 가지고 살아갔으면 좋겠다.

본서는 많은 사람의 협력에 의해 이루어졌다. 서투른 문장을 정성껏 고쳐주신 지인인 사코 노리코(佐光紀子) 씨, 직장동료인 모토야마 히로아키(本山弘明) 씨, 나의 가족인 사사키 아이(佐々木愛)에게 진심으로 감사의 마음을 전한다. 이 책은 일본뿐만 아니라 한국에서도 번역되어 출판되었다.

이 책을 읽으시는 모든 분들 위에 축복이 있기를 기도드린다.

사사키 호노오

참고문헌

F. P. Biestek(F. P. 바이스텍), 《ケースワークの原則―援助関係を形成する技法》(The Casework Relationship), 福田 俊子(후쿠다 토시코), 原田 和幸(하라다 카즈유키) 옮김 (誠信書房, 19).

Christine Bryden, Who Will I Be When I Die? (HarperCollinsPublishers, 2004). 크리스틴 브라이든, 《치매와 함께 떠나는 여행》, 김동선 옮김 (인터, 2005)-한국어판; 《나는 내가 되어간다》 (크리에이츠가모가와, 2000)-일어판.

マーガレット・F・パワーズ(Margaret Fishback Powers), 《あしあと》(Footprints), 松代恵美(마쓰요 에미) 옮김 (太平洋放送協会, 1996).

日野原重明(히노하라 시게아키), 《生きかたの選択》(사는 방법의 선택), (河出書房親社, 2002).

千葉茂樹(치바시게키) 편저, 《マザーテレサとその世界》(마더 테레사와 그 세계), (女子パウロ会, 1980).

ホセ・L・G・バラド(Jose Luis Gonzalez-Balado) 편저, 《マザーテレサ愛と祈りの言葉》(마더 테레사 사랑과 기도의 언어), 渡辺和子(와타나베 가즈코) 옮김 (PHP文庫, 2000).

ミルトン・メイヤロフ(Milton Mayeroff), 《ケアの本質～生きることの意味～》(돌봄의 본질~삶의 의미~), 田村真(타무라 마코토), 向野宣之 訳(무코노 노부유키) 옮김 (ゆみる出版, 2000).

上田紀行(우에다 노리유키), 《かけがえのない人間》(무엇과도 바꿀 수 없는 소중한 인간), (講談社現代新書, 2008).

星野富弘(호시노 도미히로), 《鈴の鳴る道》(종이 울리는 길), (偕成社, 2006).

上田諭(우에다 사토시), 《治さなくてよい認知症》(고치지 않아도 되는 치매), (日本評論社, 2014).

ヘルマン・ホイヴェルス(Hermann Heuvers, 上智大学元学長[전 조치대 총장]), 《人生の秋に》(인생의 가을에), (春秋社, 1978).

フランクル V. E.(Viktor Emil Frankl), 《それでも人生にイエスと言う》(그럼에도 삶에 예스라고 말한다), 山田邦男, 松田美佳 옮김 (春秋社, 1993).

ヘルマンヘッセ(Herman Hesse), 《知と愛》(Narziβ und Goldmund), 高橋健二 옮김 (新潮文庫). (헤르만 헤세, 《나르치스와 골드문트》).

渡辺和子(와타나베 가즈코), 《愛することは許されること》(사랑하는 것은 용서받는 것), (PHP研究所, 1999).

보살핌의 발견

1판 1쇄 인쇄 _ 2023년 9월 15일
1판 1쇄 발행 _ 2023년 9월 22일

지은이 _ 사사키 호노오
옮긴이 _ 최영수
펴낸이 _ 이형규
펴낸곳 _ 쿰란출판사

주소 _ 서울특별시 종로구 이화장길 6
편집부 _ 745-1007, 745-1301~2, 743-1300
영업부 _ 747-1004, FAX 745-8490
본사평생전화번호 _ 0502-756-1004
홈페이지 _ http://www.qumran.co.kr
E-mail _ qrbooks@daum.net / qrbooks@gmail.com
한글인터넷주소 _ 쿰란, 쿰란출판사
페이스북 _ www.facebook.com/qumranpeople
인스타그램 _ www.instagram.com/qrbooks
등록 _ 제1-670호(1988.2.27)
책임교열 _ 송지은·신영미

ⓒ 사사키 호노오 2023   ISBN 979-11-6143-869-6   03230

책값은 뒤표지에 있습니다.
이 출판물은 저작권법에 의해 보호를 받는 저작물이므로 무단 복제할 수 없습니다.
파본(破本)은 구입처에서 교환해 드립니다.